101 IDEIAS
— DE COMO —
PAPA RICAR

SEU MARIDO
E FORTA LECER SEU LAR

DAVID J. MERKH & CAROL SUE MERKH

hagnos

©2020 por David J. Merkh e
Carol Sue Merkh

Revisão
Josemar de Souza Pinto

Capa
Rafael Brum

Diagramação
Sonia Peticov

Editora
Marilene Terrengui

2ª edição: outubro de 2020

Coordenador de produção
Mauro W. Terrengui

Impressão e acabamento
Imprensa da fé

Todos os direitos desta edição reservados para:
Editora Hagnos
Av. Jacinto Júlio, 27
04815-160 • São Paulo - SP • Tel. Fax: (11) 5668-5668
hagnos@hagnos.com.br • www.hagnos.com.br

Dados Internacionais de Catalogação na Publicação (CIP)
Angélica Ilacqua CRB-8/7057

Merkh, David J.

101 ideias de como paparicar seu marido: e fortalecer seu lar / David J. Merkh & Carol Sue Merkh. — São Paulo: Hagnos, 2020.

ISBN 978-65-86109-05-4

1. Casais — Vida religiosa 2. Homem e mulher — Relações interpessoais 3. Casamento — Aspectos religiosos I. Título II. Merkh, Carol Sue.

20-1507   CDD-248.844

Índice para catálogo sistemático:
1. Casais: Amor conjugal: Vida cristã   248.844

Dedicatória

*Para nossos modelos
de paixão e amor matrimonial,
mesmo com mais de sessenta anos de casados,*
sr. Davi e sra. Mary-Ann Cox.

Sumário

Introdução 9

1. Espelhando a imagem 11
2. Espalhando o Reino 12
3. Complementação, e não competição 13
4. Trabalhando as diferenças 15
5. Refúgio encorajador 16
6. Deixando pai e mãe 17
7. Filhocentrismo 18
8. Morrendo para si mesma 19
9. Conflitos no lar 21
10. A Palavra no coração 23
11. Felicidade no lar 25
12. Fazendo as pazes 26
13. O legado do justo 27
14. A casa que o Senhor edifica 29
15. A bênção de quem teme ao Senhor 30
16. Serviço de amor 32
17. Devocional a dois 33
18. Manancial de amores 34
19. Gazela graciosa 35
20. Dia do Trabalhador 36
21. Rei por um dia 37
22. Quebrando correntes... de fofoca 38
23. A palavra que alegra 39
24. Promessas cumpridas 40
25. Edificando com amor 41

26. A resposta branda	42
27. Pouco com o temor do Senhor	43
28. Um prato de paz	45
29. Meditando a resposta	47
30. A repreensão salutar	48
31. O acessório da humildade	49
32. A resposta do Senhor	51
33. Soberba e ruína	52
34. O primeiro amor	53
35. A glória do papai e do vovô	54
36. O cobertor do amor	55
37. Atitudes de amor na angústia	56
38. Ouvindo com o coração	57
39. Amor a distância	58
40. Gotas de tolice	59
41. O cofre do coração	60
42. Desviando-se de contendas	61
43. Achado: um homem fidedigno	62
44. Planejando juntos	63
45. Promessas precipitadas	64
46. Amor à vista	65
47. Tradições familiares	66
48. Mordomia	67
49. Comunicação direta	68
50. Maçãs de ouro	69
51. A crítica construtiva	70
52. A brandura que esmaga ossos	71
53. Boas-novas a distância	73
54. Juntos na disciplina	74
55. O temor aos homens	75

56. O valor da mulher virtuosa — 76
57. Beleza modesta — 77
58. Caminhando juntos — 79
59. *Carpe diem* — 80
60. Beleza aos olhos de quem ama — 81
61. Debaixo da macieira — 82
62. Raposinhas — 84
63. Sou do meu amado — 86
64. Atendendo ao convite — 87
65. Jardim de amor — 89
66. Soletrando as qualidades — 90
67. Segunda lua de mel — 91
68. Amor que sabe nadar — 92
69. Aliados da aliança — 94
70. Acertando as contas — 96
71. Autoridade — 97
72. Prazer mútuo — 98
73. A verdadeira supermulher — 100
74. A longanimidade do amor — 102
75. Amor zeloso — 103
76. Amor humilde — 104
77. Amor decoroso — 105
78. Amor tranquilo — 106
79. Perdoar é esquecer? — 107
80. Amor e justiça — 108
81. O amor é PPTO — 109
82. Santa confiança — 110
83. Amor otimista — 111
84. Enfrentando tempestades — 113
85. Amor eterno enquanto... — 114

86. Amor fiel — 115
87. A melodia da alegria — 116
88. Domínio próprio — 117
89. Transmitindo graça — 118
90. Iguais no ser, diferentes no fazer — 119
91. A esposa que chia — 121
92. Honrando os pais — 122
93. Atos de bondade — 123
94. Filhas de Sara — 124
95. Massagem com mensagem — 126
96. Missão de mãe — 127
97. Mulher de um só homem — 128
98. Mulheres professoras — 129
99. Transformação interior — 130
100. A maior fã — 131
101. Oração conjugal — 132

Sobre os autores — 133

Outros recursos oferecidos pelos autores para a família e para grupos pequenos — 135

Introdução

Quando Deus criou Eva e a trouxe para Adão, a reação dele disse tudo: *Esta, afinal, é osso dos meus ossos e carne da minha carne* (Gn 2.23). A companheira tão esperada, a *auxiliadora idônea*, sua melhor amiga, finalmente chegou! Infelizmente, não muito tempo depois, o pecado desafinou a harmonia perfeita que existia entre o primeiro casal. Em lugar de auxílio mútuo, entrou competição. Em vez de amor sacrificial, brotou acusação.

Somente a obra de Cristo na cruz é capaz de colocar o relacionamento conjugal nos eixos outra vez: *... se alguém está em Cristo, é nova criatura; as coisas antigas já passaram; eis que se fizeram novas* (2Co 5.17). Somente o ministério do Espírito Santo capacita o casal para novamente desempenhar os papéis conjugais que Deus lhe deu (Ef 5.18). Assim, os resultados desastrosos da queda do homem são revertidos — um casal de cada vez!

Este livro visa encorajar mulheres no desafio de serem as esposas que Deus deseja. Explora textos em vários livros da Bíblia, começando em Gênesis, para descobrir princípios bíblicos e práticos sobre o lar cristão em geral e o papel da esposa em particular. No final da maioria das seleções, oferecemos algumas ideias práticas para aplicar esses princípios. Elas não visam amontoar mais itens naquela lista interminável de afazeres. Pretendemos encorajar você, como esposa, com possibilidades criativas de como amar seu marido e edificar seu lar no dia a dia: *A mulher sábia edifica a sua casa, mas a insensata, com as próprias mãos, a derriba* (Pv 14.1).

Muitas seleções encontram seu par no livro *101 ideias de como paparicar sua esposa (e fortalecer seu lar)*. Sendo assim, marido e esposa podem compartilhar ideias e trabalhar juntos por uma família melhor.

Que estas sugestões acrescentem ânimo, paixão e vida em seu casamento. Que seu marido experimente uma alegria como a de Adão: *Esta, afinal, é minha melhor amiga!*

Boa leitura!

1. Espelhando a imagem

> Criou Deus, pois, o homem à sua imagem,
> à imagem de Deus o criou;
> homem e mulher os criou.
> Gênesis 1.27

A glória do homem é que ele reflete a glória de Deus! Assim como a lua não emite luz própria, mas reflete a luz do sol, o homem cumpre seu propósito quando reflete a glória de Deus. O paradoxo triste do ateísmo é que o homem que afirma que não há Deus acaba ofuscando o brilho do seu próprio ser. Na tentativa de estabelecer sua grandeza e independência, o homem anula o significado do seu ser.

O homem e a mulher como *indivíduos* refletem a imagem de Deus. Mas existem maneiras pelas quais o casal, *como casal*, espelha aspectos da imagem de Deus que só se veem em comunidade, e particularmente no casamento:

- Unidade em diversidade;
- amor;
- fidelidade à aliança;
- complementação;
- o desempenho de seus respectivos papéis.

Ou seja, dois-em-um reflete Três-em-Um!

Em termos práticos, à luz da seriedade do casamento como reflexo da Trindade, o relacionamento marido/esposa deve ser protegido a qualquer custo. Ele é um espelho do relacionamento que existe entre a Trindade. O relacionamento interpessoal do casal é um testemunho em si da natureza de Deus.

Como casal, vocês refletem a imagem de Deus? O que alguns alegam ser "incompatibilidade" pode ser o que mais fortalece o seu lar: os opostos se atraem!

Que tal observar hoje as maneiras como seu marido é diferente de você, mas que complementam sua vida?

2. Espalhando o Reino

> E Deus os abençoou e lhes disse:
> Sede fecundos, multiplicai-vos,
> enchei a terra e sujeitai-a...
> Gênesis 1.28

Além de espelhar a imagem de Deus a dois, existe um segundo propósito para o casamento: espalhar aquela imagem em novos adoradores, também imagens de Deus. Esse é o *primeiro* mandamento na Bíblia para a raça humana (em ordem bíblica) e a primeira forma da grande comissão que encontraremos mais tarde na Bíblia (Mt 28.16-20). Que privilégio o casal tem e que responsabilidade!

Deus deseja um universo cheio de homens e mulheres, reflexos da sua glória, adoradores em comunhão com Ele, desfrutando Sua majestade e imitando Seus atributos. O primeiro passo nesse plano envolve a união sexual do homem e da mulher que leva à multiplicação da Sua imagem. Assim, a família existe para estender o testemunho de Deus e o reino de Deus até os confins do globo.

A procriação permite que novos espelhos do amor dos pais e do amor de Deus encham a terra. Esse é o coração missionário de Deus desde o primeiro capítulo da Bíblia!

Você e seu marido têm esse propósito em mente ao criar sua família? Criam seus filhos para serem uma bênção onde quer que forem? Vocês oram pela expansão do reino de Deus a partir da *sua* família? Treinam seus filhos para espelhar e espalhar a imagem de Jesus?

Se possível, ore com seu marido pela conversão, carreira, caráter e casamento dos seus filhos e netos. Se, por qualquer motivo, vocês (ainda) não têm filhos, orem pela vida das crianças de sua igreja.

3. Complementação, e não competição

> Disse mais o SENHOR Deus:
> Não é bom que o homem esteja só;
> far-lhe-ei uma auxiliadora que lhe seja idônea.
> Gênesis 2.18

Diz o ditado: "Se duas pessoas sempre concordam, uma delas é desnecessária". No casamento, Deus fez duas pessoas diferentes para complementarem uma à outra. Por isso Deus disse que "não era bom" que Adão ficasse sozinho no jardim.

Podemos afirmar pelo menos três razões por que o homem estar só "não era bom":

1. Sozinho, ele era incapaz de *refletir* alguns aspectos relacionais da imagem de Deus (unidade em diversidade, amor, comunhão, compromisso com a aliança, distinção de papéis com unidade de propósito — Gn 1.27).

2. Sozinho, ele era incapaz de *reproduzir* novos adoradores à imagem de Deus conforme a ordem original de *multiplicar-se e encher a terra* (Gn 1.28).

3. Sozinho, ele teria dificuldade em *representar* a imagem de Deus como governador na terra, cuidando e cultivando o jardim (Gn 2.15).

Quando cumprimos nossos papéis no lar, quando preenchemos o que falta no cônjuge, quando auxiliamos e complementamos um ao outro, refletimos a imagem e glória do nosso Deus. De forma prática, afirmamos que duas pessoas se casam para que juntas possam melhor "cultivar e guardar" o jardim do Senhor. Hoje, *o campo é o mundo* (Mt 13.38) e Deus ainda une casais que se complementarão de tal forma que, juntos, possam fazer mais para o reino do que sozinhos.

Você tem competido com seu marido ou tem se esforçado para complementá-lo? Ele se sente ameaçado ou apoiado por você?

Hoje, procure maneiras práticas de ser um "refúgio" para ele, talvez ajudando-o numa tarefa difícil.

4. Trabalhando as diferenças

> ... Não é bom que o homem esteja só;
> far-lhe-ei uma auxiliadora que lhe seja idônea.
> Gênesis 2.18

Deus resolveu o problema da solidão do homem quando criou a mulher e a apresentou a Adão, formando a primeira família. A palavra "idônea" na expressão "auxiliadora idônea" significa "conforme o oposto". Deus fez a mulher *como* o homem, mas *diferente* o suficiente do homem para que ela pudesse *complementá-lo*. Embora tenham sido criados *inocentes*, não foram criados *completos*. Para isso, cada um serviria de complemento ao companheiro. Assim, homem e mulher "se encaixam" porque cada um completa o que falta no outro.

Hoje, num mundo contaminado pelo pecado, precisamos reconhecer que não existem duas pessoas totalmente compatíveis. A procura da pessoa ideal para se casar está destinada ao fracasso. Nenhum ser humano será capaz de preencher o vazio no coração que somente Deus pode satisfazer.

Deus une pessoas diferentes e muitas vezes opostas justamente para apontar pontos cegos na vida do outro, para servir de *ferro que se afia com o ferro* (Pv 27.17), provocando melhoras para que cada um seja mais parecido com Cristo Jesus (Rm 8.29).

Embora a queda tenha complicado demais o relacionamento complementar do casal, a restauração em Cristo significa que, mais uma vez, assistência mútua entre o marido e sua esposa pode ser a regra, e não a exceção (Ef 5.18—6.4).

Já observou algumas formas como você e seu marido são diferentes? Como essas diferenças podem fortalecer seu casamento? Se elas não forem bem trabalhadas, como poderiam levá-los ao fracasso? Louve a Deus justamente por essas diferenças. Se puder, prepare um cartão para seu marido e escreva as áreas em que as diferenças dele têm fortalecido sua vida, agradecendo-lhe por isso!

5. Refúgio encorajador

> Então, o SENHOR Deus fez cair pesado sono sobre o homem, e este adormeceu; tomou uma das suas costelas, e fechou o lugar com carne.
> E a costela que o SENHOR Deus tomara ao homem, transformou-a numa mulher e lha trouxe.
> Gênesis 2.21,22

Há muita especulação sobre o fato de Deus ter formado a mulher da costela do homem. Entendemos que detalhes nas narrativas bíblicas não são incluídos à toa. É possível que a costela represente a ideia de companheirismo e de proteção, de intimidade ou de igualdade. Matthew Henry fez a observação clássica: "A mulher foi feita da costela do lado de Adão, e não da sua cabeça para reinar sobre ele, nem dos pés para ser pisada por ele, mas do lado para ser igual a ele, debaixo do braço para ser protegida e perto do coração para ser amada".[1]

A ideia de um *refúgio* parece ser um denominador comum em quase todas essas sugestões. Deus fez a mulher como *auxiliadora idônea* que serve de refúgio para seu marido — uma amiga em tempos de angústia, uma aliada quando todos se voltam contra ele, um lugar seguro em meio às tempestades.

Você tem sido um refúgio para seu marido? Um porto seguro para ele? Tem feito do seu lar um esconderijo das tempestades mundo afora? Ele tem prazer em voltar para casa e ser acolhido por você e pelos seus filhos?

Demonstre a seu marido quanto ele é importante como marido e pai em seu lar. Que tal preparar um quadro em um trabalho manual, assinado pelos seus filhos? Escrevam o seguinte:

> Qualquer um pode gerar um filho;
> mas é preciso alguém especial como você para ser um bom pai.

---

[1] HENRY, M. *Matthew Henry's commentary on the whole Bible: complete and unabridged in one volume*. Peabody: Hendrickson, 1994, p. 10.

6. Deixando pai e mãe

*Por isso, deixa o homem pai e mãe
e se une à sua mulher,
tornando-se os dois uma só carne.*
Gênesis 2.24

Há três elementos fundamentais e entrelaçados que definem o casamento aos olhos de Deus:

- **Exclusividade:** "deixar pai e mãe".
- **Fidelidade:** "unir-se à sua mulher".
- **Intimidade:** "tornar-se os dois uma só carne".

A união de homem e mulher no casamento já forma algo completo em si mesmo — sem a necessidade de filhos. O casal que não pode ter filhos é tão completo como aquele que os tem.

Deus considera o relacionamento conjugal como o relacionamento prioritário para o ser humano, tendo precedência sobre todos os outros. Qualquer distanciamento produzido entre o casal por terceiros é vetado!

Depois de fechar um pacto conjugal, o homem casado é *mais* identificado com sua esposa do que com seus pais e filhos. Metaforicamente, a esposa dele é "osso dos seus ossos e carne da sua carne".

O "deixar" é um passo preliminar que prepara o casal para "unir". O "tornar-se um" sinaliza que o "deixar" e o "unir" foram passos legítimos e sinceros, sendo consumados na intimidade sexual. Mas "unir-se" representa o recheio desse sanduíche que define a essência do casamento como uma *aliança* de compromisso vitalício.

Você ainda recorre à mamãe e ao papai quando passa por dificuldades? Conta detalhes da sua vida para sua mãe que não contaria ao seu marido? Compartilha os defeitos deste com eles? Briga com seu marido por causa deles? Você às vezes ameaça voltar para a casa paterna? Não transfira para seus pais a lealdade devida ao seu marido.

7. Filhocentrismo

Por isso, deixa o homem pai e mãe
e se une à sua mulher,
tornando-se os dois uma só carne.
Gênesis 2.24

Algumas esposas nunca cortaram o cordão umbilical com seus pais. Outras deixam de estabelecer uma identidade conjugal, separada dos próprios filhos. A integridade do lar não admite concorrentes, sejam eles filhos ou pais.

Tudo que ameaça a exclusividade do casal deve ser descartado. Terceiros que interferem no relacionamento conjugal precisam ser confrontados e vigiados. Além de pais e sogros, outros terceiros frequentemente interferem na união conjugal: internet, *video games*, TV, trabalho, amigos, *smartphones*, pais e *filhos*.

Há uma tendência muito forte em nossos dias de tornar os filhos o centro do universo familiar. Esse "filhocentrismo" menospreza o relacionamento marido-esposa, tornando os filhos a base da família, e não o relacionamento conjugal. Isso acaba minando o alicerce da família. Os filhos devem ser considerados como membros bem-vindos ao círculo familiar, e não o centro de tudo. O casal precisa cultivar seu relacionamento como "melhores amigos", o que servirá como base de segurança e confiança para os filhos.

Você consegue deixar seus filhos no berçário da igreja para cultuar a Deus ao lado do seu marido? Consegue confiá-los a uma babá para poder curtir uma saída a dois? Vocês sempre dormem com seus filhos? Conseguem um tempo "só para vocês" enquanto as crianças estão em casa?

8. Morrendo para si mesma

> [Eva,] ... *o teu desejo será para o teu marido, e ele te governará.*
> Gênesis 3.16b

O Éden começou com uma perfeita complementação entre homem e mulher, com igualdade no ser e diferença no fazer, em que o homem assumiria normalmente o papel de líder amoroso, e a mulher, o de auxiliadora idônea. Tudo isso mudou em Gênesis 3.16.

O percurso do pecado desencadeou uma reversão de papéis na hierarquia funcional familiar. Seus efeitos desastrosos foram carimbados por Deus como parte do castigo pelo pecado e têm suas sequelas até hoje. Vemos o início do conflito conjugal quando Adão fez o "jogo do diabo" e culpou a mulher por tudo que aconteceu no jardim.

Deus anunciou que, a partir daquele momento, haveria uma concorrência entre homem e mulher, em vez de contentamento e realização dentro dos respectivos papéis que Deus lhes determinou. O que começou como jogo de culpa no jardim se transforma agora em uma guerra constante, em que a mulher tenta controlar seu marido, e o homem a oprime e não protege a sua esposa.

Em outras palavras, Deus prevê como resultado da queda uma nova luta entre homem e mulher, caracterizada por *competição*, e não mais *complementação*. Não é como as coisas *devem* ser, mas como *serão*, tudo isso por causa do pecado. Essa é mais uma lembrança de que homens e mulheres precisam desesperadamente da intervenção divina para redimir e restaurar a família. Feminismo (a mulher usurpando o papel do homem de liderar) e machismo (o homem deixando de proteger a mulher, mas oprimindo-a) entraram para valer na história da humanidade.

Mas, em Cristo, temos nova chance de criar um lar conforme o plano de Deus (2Co 5.17).

Existem áreas em que você está tentando controlar ou manipular seu marido? Pense em uma área de conflito entre vocês. Será que você poderia morrer para si mesma, confiando em Deus para dirigir o coração do seu marido, enquanto você espera nele?

9. Conflitos no lar

> *Isaque amava a Esaú [...];*
> *Rebeca, porém, amava a Jacó.*
> Gênesis 25.28

As intrigas entre marido, esposa, pais, filhos e irmãos enchem a narrativa de Gênesis. O conflito entre o casal Isaque e Rebeca em termos do amor pelos filhos ilustra as consequências desse tipo de confronto no lar.

Nessas histórias, encontramos:

- Rivalidade entre os pais;
- filhocentrismo (vida centrada nos filhos);
- favoritismo;
- rivalidade entre irmãos;
- engano;
- conflito;
- tristeza;
- separação;
- ira/ameaça de morte.

A trilha do pecado leva à amargura, a corações quebrados e a um lar desfeito que somente Deus, em Sua soberana graça, pode restaurar (veja Gn 50.20).

Conflito e tensão entre marido e esposa matam a paz familiar. Brigas entre o casal muitas vezes giram em torno de questões sobre a criação dos filhos, inclusive o problema de favoritismo no lar.

Não deve haver engano entre os pais (segredos guardados do papai ou da mamãe). Os pais precisam apresentar uma frente unida na criação dos filhos. Os pais devem estar sensíveis à rivalidade entre irmãos e não permitir que nenhum filho fique no centro do universo familiar.

Não permita que os filhos joguem os pais um contra o outro! Não tome o lado de um filho contra o pai dele! Resolva em seu coração nunca discutir com seu marido na frente de seus filhos. Conflitos sobre filhos matam o ambiente em que o "paparicar" deve florescer.

10. A Palavra no coração

> *Estas palavras que, hoje, te ordeno*
> *estarão no teu coração;*
> *tu as inculcarás a teus filhos,*
> *e delas falarás assentado em tua casa,*
> *e andando pelo caminho,*
> *e ao deitar-te,*
> *e ao levantar-te.*
> Deuteronômio 6.6,7

Um lar em que a Palavra de Deus reina é um lar tranquilo e feliz.

Deuteronômio 6 é fundamental nas Escrituras no que diz respeito à instrução espiritual no lar. O amor de Deus é o ponto de partida. Começa com os pais que têm um compromisso de lealdade e exclusividade para com o único Senhor (6.4,5). Manifesta-se através de devoção à Sua Palavra (6.6) e estende-se à instrução formal e informal, espontânea e planejada, simbólica e constante dos filhos nos caminhos do Senhor (6.7-9).

Os pais têm que amar a Deus de todo o seu ser. Se Deus é o único e verdadeiro Deus, o Criador, o bondoso e gracioso Pai, então Ele deve ser adorado exclusiva e espontaneamente, com tudo o que eu sou e tenho. Toda a vida deve girar em torno dEle.

Esse Deus único falou conosco (v. 6). As palavras dEle são nossa vida. Deus não queria uma Lei escrita em tábuas de pedra, mas no interior do coração — o centro da vida. Os mandamentos seriam o objeto constante de meditação e reflexão. A expressão mais natural do meu amor por Deus e da Palavra dEle no meu coração é que vou influenciar os meus filhos com meu amor e a minha vida alicerçada nessa Palavra.

Proporcione esse tipo de ambiente para sua família, tocando boas músicas evangélicas, sugerindo vídeos saudáveis para a família assistir, pendurando enfeites com referências bíblicas na geladeira e pela casa.

Incentive seu marido na tarefa de dirigir o "culto doméstico" de forma simples e prática. Se seu marido não quiser liderar essa parte por não estar motivado, ou por não conhecer a Cristo ainda, não o force. Tenha você mesma um tempo devocional com seus filhos na presença do Senhor (veja Pv 22.6).

11. Felicidade no lar

> Homem recém-casado não sairá à guerra,
> nem se lhe imporá qualquer encargo;
> por um ano ficará livre em casa
> e promoverá felicidade à mulher que tomou.
>
> Deuteronômio 24.5

Deus quer que o lar seja um lugar de tranquilidade, paz e alegria. Esse texto é inesperado e parece um pouco estranho, pois encontra-se no contexto do divórcio e recasamento (Dt 24.1-4). Mas oferece conselho prático sobre como evitar o divórcio pelo estabelecimento de fundamentos sólidos para o futuro durante o primeiro ano de casamento.

Os recém-casados não deveriam sair para a guerra ou envolver-se em "qualquer encargo", ou seja, assumir responsabilidades na comunidade que poderiam afastar o homem do seu novo lar, a ponto de desfocar sua atenção da esposa. Um ano dedicado ao estabelecimento de um fundamento sólido para seu lar lhe daria maiores chances de um casamento duradouro.

Um dos melhores remédios contra o fracasso de um casamento é um alicerce de felicidade conjugal estabelecido no primeiro ano de casados e mantido depois disso. O ativismo e a avareza são inimigos da tranquilidade no lar (Sl 127.1,2). Tanto o homem quanto a mulher precisam verificar se estão sendo seduzidos pelo deus do dinheiro, sucesso, realização pessoal e fama, a custo do próprio casamento. Talvez a melhor maneira de a esposa "paparicar" o marido seja proporcionar a ele um lar calmo, sereno e tranquilo.

12. Fazendo as pazes

*Irai-vos e não pequeis;
consultai no travesseiro o coração e sossegai.* [...]
*Em paz me deito e logo pego no sono,
porque, SENHOR, só tu me fazes repousar seguro.*
Salmo 4.4,8

Nada destrói um casamento mais rápido do que mágoas e ressentimentos, que abrem uma brecha para o diabo. O texto do Salmo 4, que associa ira e sono, é citado pelo apóstolo Paulo em Efésios 4 justamente com essa ideia:

Irai-vos e não pequeis; não se ponha o sol sobre a vossa ira, nem deis lugar ao diabo (Ef 4.26,27).

O inimigo da nossa alma aproveita as brechas da ira não resolvida, que, mesmo quando tem motivos razoáveis, com o passar do tempo acaba se tornando algo pessoal e pecaminoso. As injeções de adrenalina que acompanham a ira crônica logo tiram nosso sono.

Todos nós já passamos pela experiência de não conseguir dormir porque ficamos remoendo ofensas, alimentando mágoas e pagando o preço, nós mesmos, pela falta de perdão. Como alguém disse, "Guardar mágoas é como tomar veneno e esperar que seu inimigo morra".

A esposa sábia não deixa que o entulho da ira bloqueie seu relacionamento com o marido. Verifique se existem contas não acertadas entre vocês dois, que lhes roubam o sono suave dos perdoados. Não tente dormir com paredes de ira erguidas entre vocês, mas façam logo as pazes e não deixem para amanhã!

13. O legado do justo

> ... o homem que teme ao SENHOR
> e se compraz nos seus mandamentos [...]
> não será jamais abalado;
> será tido em memória eterna.
>
> Salmo 112.1,6
>
> O homem de bem deixa herança aos filhos de seus filhos...
> Provérbios 13.22a

A ideia de um legado sempre foi forte motivação de vida. Os homens constroem suas lápides com granito, e não papelão! (Veja Sl 49.11-17.) Nas Escrituras, ter seu nome preservado está entre as maiores honras. Por isso, nosso maior legado consiste em ter o *nome* escrito no livro da vida (cf. Hb 6.10; Mc 9.41; 1Co 15.58). Por outro lado, morrer no anonimato nas Escrituras significa perder seu nome e ser esquecido para sempre.

Você e seu marido podem deixar um legado não somente financeiro para seus filhos e netos, mas principalmente um legado espiritual.

O temor do Senhor, característica que marca a vida sábia (Pv 1.7; 9.10), significa andar com Deus. Quem vive na presença do Senhor adquire *sua* perspectiva sobre *tudo* que acontece, ou seja, a perspectiva do alto. Essa é uma vida em comunhão com o Pai a ponto de saber, pela intimidade, o que o Pai deseja em cada situação. Sempre decide por esse caminho nas encruzilhadas da vida.

O Salmo 112 destaca a bênção desfrutada por aqueles que andam com o Senhor, que confiam nEle, que amam cada palavra que sai da Sua boca e que se preocupam em abençoar outros. Esse é o legado verdadeiro que cada casal deve almejar.

A mulher que teme a Deus encoraja seu marido a ser um homem temente a Deus. Encoraja-o, motiva-o, incentiva-o, mas sem humilhá-lo.

Você pode ajudar o seu marido a repassar um legado de fidelidade ao Senhor, registrando as respostas dele a algumas perguntas estratégicas que têm a ver com esse "legado":

- Quando e como aceitou Jesus como Salvador?
- Qual foi a maior vitória e maior alegria em sua vida?
- Como gostaria de ser lembrado?
- Qual o seu versículo predileto da Bíblia?

14. A casa que o Senhor edifica

> Se o SENHOR não edificar a casa,
> em vão trabalham os que a edificam.
> Salmo 127.1

O Salmo 127 nos alerta do perigo de prioridades invertidas. Sua simplicidade nos lembra que Deus nos presenteia com a família, que precisa ser valorizada e bem cuidada na dependência total dEle. Em vez de sermos "trabalhólatras", devemos ser responsáveis e diligentes no serviço, mas sem perder de vista o propósito do trabalho. Ou seja, devemos trabalhar para viver, e não viver para trabalhar.

O salmista condena a avareza que culmina no menosprezo do lar, algo extremamente comum nos dias de hoje. Cobiça e avareza são pecados relacionados ao egoísmo e influenciam decisões quanto à paternidade também.

A pessoa que edifica seu lar na dependência do Senhor, em vez de dedicar sua vida à busca de tesouros materiais, cria vidas preciosas — esta, sim, é verdadeiramente abençoada em tudo que realizar. Não é quem morre com mais brinquedos que ganha, nem quem morre com mais filhos. Mas aquele que valoriza seus filhos, evita a autossuficiência e mantém seus valores focados no investimento naqueles que representam um legado eterno — tal pessoa realmente é abençoada.

A oração familiar talvez seja a melhor maneira de reconhecer que só pelo Senhor é que vamos ter uma família feliz. Que tal promover um projeto que estimulará a oração familiar? Monte um mural de oração perto do lugar onde tomam as refeições. Coloque nele fotos de amigos, parentes, missionários e outros ministros. Nas refeições familiares, vocês poderão orar por essas pessoas, usando uma pequena flecha para marcar a próxima foto pela qual vão orar.

15. A bênção de quem teme ao Senhor

> *Bem-aventurado aquele que teme ao SENHOR*
> *e anda nos seus caminhos!* [...]
> *Tua esposa, no interior de tua casa,*
> *será como a videira frutífera...*
> Salmo 128.1,3

Pedir a bênção dos pais na despedida ou na hora de dormir é uma tradição antiga, mas que tem respaldo bíblico. Porém, melhor que pedir a bênção dos pais é receber a bênção de Deus. No Salmo 128, os dois conceitos (a bênção dos pais/avós e a bênção de Deus) estão ligados.

A bênção de Deus realmente acompanha os pais cuja vida temente a Deus estabelece um legado de bênção para seus filhos, como diz Provérbios 14.26: *No temor do SENHOR, tem o homem forte amparo, e isso é refúgio para os seus filhos.*

A esposa do homem que teme a Deus contrasta com a mulher sensual que *É apaixonada e inquieta, cujos pés não param em casa; ora está nas ruas, ora, nas praças, espreitando por todos os cantos* (Pv 7.11,12). A frase do Salmo 128 descreve contentamento e realização, segurança e tranquilidade nos recintos mais protegidos da casa.

A descrição da esposa como videira frutífera ensina que, por ter um marido temente a Deus, ela recebe a bênção de ter filhos tementes a Deus. Também fica livre para criar os filhos, desenvolver um caráter piedoso e ainda abençoar o lar financeiramente, assim como a mulher virtuosa em Provérbios 31.10-31.

O homem que teme ao Senhor vê os resultados de sua fé espelhados na vida de sua esposa. Se o seu marido é um homem que anda com Deus, você reconhece os benefícios que isso lhe traz? Pense no oposto — o que muitas mulheres experimentam. Faça uma lista das bênçãos que Deus lhe tem dado através do marido que ele lhe concedeu. Que tal abençoar seu marido acordando mais cedo e preparando um café especial do jeito que ele gosta, com um cartão de agradecimento pelo que ele significa para você?!

16. Serviço de amor

Não te furtes a fazer o bem a quem de direito, estando na tua mão o poder de fazê-lo.
Provérbios 3.27

Você sabia que o amor é benigno e não procura seus próprios interesses (1Co 13.4,5)?

A essência da vida cristã significa levar uma vida "outrocêntrica", ou seja, viver sua vida para abençoar outros. Marcos destaca esta característica da vida de Jesus: Ele não veio para ser servido, mas para servir e dar a sua vida em resgate por muitos (Mc 10.45). Quando a imagem de Cristo é formada em nós, parecemos cada vez mais com ele. Morremos para nós mesmos e vivemos para agradá-lo.

No casamento cristão, o casal vive para abençoar um ao outro. O egoísmo nato do nosso coração se transforma em um estilo de vida de serviço ao outro.

Conforme o provérbio, quando temos em mãos o poder de fazer o bem a alguém, devemos fazê-lo.

Pergunte ao seu marido sobre três desejos simples que ele gostaria de ver cumpridos nos próximos dias, talvez tarefas que têm sido difíceis para ele realizar. Será que você mesma não poderia fazer algum desses itens para ele? Sair para pagar alguma conta? Fazer uma ligação? Cuidar do jardim? Surpreenda-o contratando alguém ou fazendo o serviço você mesma; deixe um bilhete informando-o sobre esse seu ato de amor.

17. Devocional a dois

O princípio da sabedoria é:
Adquire a sabedoria;
sim, com tudo o que possuis,
adquire o entendimento.
Provérbios 4.7

A Palavra de Deus é a nossa fonte de sabedoria. Como podemos crescer em sabedoria como casais sem lançar mão do maior recurso que Deus nos deu para isso?

Se você e seu marido ainda não têm o costume de fazer um devocional juntos, que tal conversar com ele a respeito? Cuidado para que não seja uma cobrança ou maneira sutil de subverter a liderança dele. Mas, se ele tem abertura para isso, pergunte se vocês não poderiam achar um tempo para ler um texto bíblico ou uma seleção devocional de um autor respeitado e bíblico. Pode ser no início do dia, após uma refeição, antes de dormir ou em qualquer outro horário adequado.

Muitas esposas reclamam que seu marido não toma a iniciativa para esse tipo de tempo devocional em conjunto. Mas pode ser que Deus tenha dotado a esposa com maior disciplina e sensibilidade espiritual para isso. Se o marido não se incomodar, veja se ele autoriza você, como esposa, a tomar a iniciativa e lembrá-lo desse compromisso com a Palavra de Deus. Com as múltiplas mídias sociais disponíveis hoje, podem até fazer isso juntos a distância.

Podem usar apenas a Bíblia ou comprar um dos vários livros devocionais no mercado que têm seleções breves e contundentes, fáceis de ler. Podem começar com literatura voltada para a vida conjugal, mas não precisam se restringir a isso.

18. Manancial de amores

> *Bebe a água da tua própria cisterna*
> *e das correntes do teu poço. [...]*
> *Seja bendito o teu manancial,*
> *e alegra-te com a mulher da tua mocidade.*
> Provérbios 5.15,18

O melhor remédio contra a infidelidade no casamento é a paixão no lar.

Provérbios 5 usa uma série de metáforas para descrever a satisfação sexual no casamento. Seus comentários aplicam-se igualmente a homens e mulheres, embora direcionados para os homens. No contexto, uma resposta à tentação sexual na praça é o prazer pleno no lar. Não há nada melhor que um banquete em casa para fazer o homem ou a mulher abster-se de comer comida estragada na rua.

A exortação do pai para o filho é de esperar o momento certo para beber das fontes do prazer sexual matrimonial, que quase não têm limite. A água que corre pela sarjeta é poluída e nojenta. Mas as correntes no lar — que seriam suficientes para satisfazer um exército de homens sedentos — são reservadas exclusivamente para o cônjuge.

O relacionamento íntimo entre um homem e uma mulher só deve melhorar enquanto seu amor aumenta no decorrer dos anos. Nada se compara à alegria profunda de um relacionamento sexual com alguém que conhece tudo a seu respeito — o bem e o mal — e mesmo assim se entrega a você com amor incondicional!

Você tem sido aquele "manancial de amores" de que seu marido gosta e precisa? Os olhos dele "vagueiam por aí" ou são fixados em casa? Quando foi a última vez que você usou aquela camisola de que ele tanto gosta? Quando foi a última vez que você o surpreendeu com uma novidade para agradá-lo? Faça do relacionamento íntimo de vocês um manancial de alegria para ambos!

19. Gazela graciosa

... alegra-te com a mulher da tua mocidade, corça de amores e gazela graciosa.
Provérbios 5.18b,19a

Pois o exercício físico para pouco é proveitoso, mas a piedade para tudo é proveitosa, porque tem a promessa da vida que agora é e da que há de ser.
1Timóteo 4.8

O cristão cuida tanto do seu físico quanto do espiritual. À luz de 1Timóteo 4.8, o espiritual traz duplo benefício — agora e no além. Mas o cuidado do nosso físico também é proveitoso.

A paixão no casamento vai além da mera aparência, mas inclui a atração física. As belas e encantadas declarações de apreciação física que encontramos em Cântico dos Cânticos nos lembram disso, assim como a exortação do pai ao seu filho em Provérbios 5. Deus abençoa a paixão do casal casado.

A esposa sábia faz o possível para manter sua forma e cuidar de si mesma. Se o orçamento familiar permitir, proporcione uma surpresa agradável a seu esposo fazendo algum tratamento de beleza ou praticando algum exercício físico. Faça o possível para se apresentar da melhor forma possível para *ele*, acima de colegas no serviço ou pessoas da igreja.

Zele para continuar sendo uma "corça de amores" e "gazela graciosa" mesmo depois de anos de casamento. Não negligencie sua vida sexual. Mantenha uma comunicação franca e aberta com seu marido sobre as necessidades e os desejos de cada um.

20. Dia do Trabalhador

*O que trabalha com mão remissa empobrece,
mas a mão dos diligentes vem a enriquecer-se.*
Provérbios 10.4

Seu marido é fiel provedor? Dedica-se ao serviço para proporcionar o melhor para você e sua família? Levanta cedo para pegar o trem lotado ou enfrentar aquele trânsito infernal? Chega em casa exausto depois de um dia difícil com clientes, patrão e colegas? Luta a semana toda e ainda investe tempo fazendo reparos em casa, no carro e trabalhando em algum ministério na igreja?

Você já agradeceu a seu marido pelo trabalho diligente que ele faz?

Que tal honrá-lo com um banquete surpresa que você chamará de "o Dia do Trabalhador"? De preferência, faça isso numa época do ano em que não haja outras comemorações ou feriados. Prepare a refeição predileta dele, peça que as crianças organizem encenações, façam poesias ou desenvolvam outras formas de honrar o trabalho do papai. Entregue um cartão de agradecimento assinado por todos, faça massagem nas costas e no pescoço dele e prepare uma sobremesa especial nesse seu "Dia do Trabalhador" particular.

21. Rei por um dia

> A mulher virtuosa é a coroa do seu marido,
> mas a que procede vergonhosamente
> é como podridão nos seus ossos.
> Provérbios 12.4

> Para te livrar da mulher adúltera,
> da estrangeira, que lisonjeia com palavras,
> a qual deixa o amigo da sua mocidade
> e se esquece da aliança do seu Deus.
> Provérbios 2.16,17

Deus concedeu à mulher um poder incrível de embelezar e fortalecer a vida do seu marido. Ela foi criada para ser uma *auxiliadora* da parte do próprio Deus para complementá-lo, socorrê-lo e servir de refúgio para ele. Uma mulher de caráter nobre dignifica o marido e o torna conhecido na comunidade e na igreja (veja Pv 31.10-12,23). Ela é a "coroa" do marido. A "coroa" sinaliza glória, honra e dignidade — uma fonte de "orgulho santo" pela graça de Deus, que concedeu uma companheira de caráter tão nobre.

Mas a mulher rixosa, encrenqueira, fofoqueira, imprudente e imoral só faz mal ao marido e à família.

Se a mulher virtuosa é a coroa do marido, que tal designar um dia especial em que ele será declarado "rei por um dia"? Pode começar o dia colocando em sua cabeça uma coroa preparada por você ou pelos filhos e entregando-lhe um certificado de coroação, prometendo atender (dentro do razoável!) aos desejos dele durante o dia. Pode terminar com um "banquete de realeza" num restaurante da escolha dele ou com uma refeição "chique" feita em casa. Que tal à luz de velas?

22. Quebrando correntes... de fofoca

*Alguém há cuja tagarelice é como pontas de espada,
mas a língua dos sábios é medicina.*
Provérbios 12.18

*A língua serena é árvore de vida,
mas a perversa quebranta o espírito.*
Provérbios 15.4

Tempos atrás, as mulheres da igreja se reuniam para uma "noite do pijama" ou algo parecido. Elas jogavam tabuleiro, assistiam a vídeos e jogavam conversa fora. Infelizmente, às vezes, quando alguns grupos de mulheres se juntam para alguma atividade, o prato principal da conversa se constitui dos defeitos do marido.

Um tempo atrás, minha esposa parou de frequentar a "noite do pijama", alegando que não aguentava ficar acordada até tão tarde. Mas eu gosto de pensar que foi porque ela não tinha nada de mau para falar do marido!

Provérbios fala muito sobre o poder da língua, tanto para edificar como para detonar. A fofoca se espalha como fogo em campos secos. Ela contagia com seu veneno mortífero. Que tal quebrar essa corrente? Em vez de compartilhar os defeitos dos outros (todos têm), que tal direcionar a conversa para algo mais positivo? Quando se trata do próprio marido, o que acha de compartilhar uma característica que você admira nele? Veja se você consegue contagiar o grupo todo com sua perspectiva mais positiva. De repente as outras mulheres podem começar a competir com você com elogios de seus respectivos cônjuges.

23. A palavra que alegra

A ansiedade no coração do homem o abate,
mas a boa palavra o alegra.
Provérbios 12.25

O coração alegre aformoseia o rosto,
mas com a tristeza do coração o espírito se abate.
Provérbios 15.13

Alguns calculam que a indústria da ansiedade chega a U$6 bilhões por ano. Em alguns lugares do mundo, 25% dos remédios são para transtornos de ansiedade. Dizem que uma em cada oito pessoas sofre de algum tipo de ansiedade.

Como você, seu marido também sofre de preocupações. Como líder do lar, ele pode sofrer de ansiedade sobre as finanças, o emprego, a saúde, o estudo dos filhos, as decisões a tomar, além de questões de liderança no emprego, na igreja, no lar e na comunidade.

A esposa sabe quando seu marido está aflito. Mas muitas vezes não sabe o que fazer para ajudá-lo, especialmente quando ele tenta projetar uma imagem de força e controle.

Provérbios oferece uma ótima sugestão: uma boa palavra (da esposa) para alegrá-lo! Que tal surpreendê-lo no meio do dia? Dê um simples telefonema ou até mesmo um bilhete escrito: "Eu o amo; estou orando por você; sei que Deus vai lhe dar a vitória!"

Faça a mesma coisa quando você o encontrar depois de um dia longo de serviço. Incentive seus filhos a também agradecer-lhe, não somente no Dia dos Pais, mas em momentos aleatórios do ano.

24. Promessas cumpridas

A esperança que se adia faz adoecer o coração,
mas o desejo cumprido é árvore de vida.
Provérbios 13.12

O desejo que se cumpre agrada a alma,
mas apartar-se do mal é abominável para os insensatos.
Provérbios 13.19

Quanto valem as suas palavras? Vivemos dias em que uma verdadeira indústria se levantou para garantir o cumprimento de promessas: cartórios com reconhecimento de firma, autenticação de documentos, certidões, atestados e pagamentos de sinal.

Promessas, compromissos e votos caracterizam a vida humana. O cumprimento da nossa palavra autentica ou desmente nosso caráter. Assumimos compromissos quando nos tornamos membros da igreja, nos oferecemos para servir como voluntários em algum ministério, quando nos casamos e quando apresentamos nossos filhos ao Senhor.

À luz de Provérbios, promessas cumpridas produzem grande alegria, enquanto o voto não realizado é causa de grande tristeza.

Você tem cumprido os seus votos de casamento? Será que você já fez alguma promessa para seu marido que ainda não cumpriu? Em vez de adiar a esperança dele mais um pouco, que tal dar passos hoje para honrar a sua palavra? Não consegue se lembrar se fez uma promessa? Pergunte a ele. Mas esteja pronta para ouvir e corrigir qualquer erro.

25. Edificando com amor

> A mulher sábia edifica a sua casa,
> mas a insensata, com as próprias mãos, a derriba.
> Provérbios 14.1

> Mulher virtuosa, quem a achará?
> O seu valor muito excede o de finas joias.
> O coração do seu marido confia nela,
> e não haverá falta de ganho.
> Ela lhe faz bem e não mal,
> todos os dias da sua vida.
> Provérbios 31.10-12

Provavelmente você já testemunhou a destruição desnecessária de um lar por parte de uma mulher tola. Seja pelos vícios, seja pela preguiça, seja pela fofoca ou pela murmuração, ela desfaz sua casa tijolo por tijolo. Que tragédia quando aquela que Deus fez para ser um fundamento firme para a família acaba sendo areia movediça em que todos se afundam.

A mulher virtuosa ("forte"), por outro lado, embora muito rara, possui um poder para abençoar todos ao seu redor, a começar pelo próprio marido. Ela só lhe faz bem, e ele confia nela!

Você está crescendo na habilidade de edificar seu lar com sabedoria? Prepare-se como esposa e mãe, através de estudos bíblicos individuais ou com outras mulheres da igreja. Tire tempo cada dia para meditar na Palavra de Deus e observe se você está produzindo o fruto do Espírito através de reações, atitudes positivas (Gl 5.22) e linguagem sadia e amorosa que tanto edifica e motiva o seu cônjuge.

26. A resposta branda

*A resposta branda desvia o furor,
mas a palavra dura suscita a ira.*
Provérbios 15.1

*O homem iracundo suscita contendas,
mas o longânimo apazigua a luta.*
Provérbios 15.18

Certa vez um marido estava se exaltando porque sua esposa havia se esquecido de um de seus pedidos. Ela, com muita sabedoria, respondeu: "Querido, você fala tantas coisas maravilhosas para mim, como posso lembrar-me de todas elas?"

Assim, ela o desarmou e pôs fim à tensão — ilustrando exatamente o que Provérbios diz. Em vez de jogar combustível no fogo, a pessoa sábia consegue amenizar possíveis conflitos com palavras edificantes. Isso não significa fugir de conflitos necessários, manipular ou bajular, mas, sim, jogar água fria sobre as faíscas de tensão.

O apóstolo Paulo ainda pede mais: Em vez de palavras podres, pede palavras de "graça", ou seja, do favor *não merecido* de Deus. *Não saia da vossa boca nenhuma palavra torpe, e sim unicamente a que for boa para edificação, conforme a necessidade, e, assim, transmita graça aos que ouvem* (Ef 4.29). Por você mesma, isso será impossível. Mas a vida transformada pelo Espírito de Deus à imagem de Cristo terá a mesma atitude que Cristo teve diante de insultos e injúrias.

A próxima vez em que você se sentir ameaçada ou atacada pelo seu marido, clame a Deus pela sabedoria de não responder como talvez ele mereça. Faça uma experiência devolvendo uma palavra humilde, grata, e veja se a rixa não desaparece.

27. Pouco com o temor do Senhor

> Melhor é o pouco, havendo o temor do SENHOR,
> do que grande tesouro onde há inquietação.
> Provérbios 15.16

> Melhor é o pouco, havendo justiça,
> do que grandes rendimentos com injustiça.
> Provérbios 16.8

Descontentamento e murmuração muitas vezes brotam da raiz da avareza e cobiça. Em vez de curtirmos o que temos, reclamamos do que não temos e desperdiçamos a oportunidade de viver com alegria hoje.

Paulo falou a Timóteo: *grande fonte de lucro é a piedade com o contentamento. Porque nada temos trazido para o mundo, nem coisa alguma podemos levar dele. Tendo sustento e com que nos vestir, estejamos contentes* (1Tm 6.6-8).

Você tem exalado o bom perfume de uma vida contente? Vê o copo metade cheio ou metade vazio? Tem exibido um espírito de gratidão ou de murmuração? Como isso tem afetado a sua família? O veneno da ingratidão se espalha rapidamente. Melhor neutralizá-lo com o antídoto de alegria e ações de graças.

Mesmo que sua família não tenha muitos bens materiais, um estilo de vida de alegria pode caracterizá-los. Há muitas atividades que vocês podem curtir juntos, com pouco ou nenhum gasto. Celebrem sua amizade e a paz em seu lar com um destes programas:

- Assistir ao pôr do sol;
- caminhar em um parque ou ao redor de um lago;
- assistir a um filme romântico (sem as crianças);
- jogar *video game*, jogos de computador ou de tabuleiro juntos;
- tomar um cafezinho enquanto escutam algumas músicas prediletas;

- servir a alguém menos abençoado que vocês;
- começar uma pequena horta ou um jardim;
- fazer um brinquedo com seu filho como você fazia na sua infância.

28. Um prato de paz

> Melhor é um prato de hortaliças onde há amor
> do que o boi cevado e, com ele, o ódio.
> Provérbios 15.17

> Melhor é um bocado seco e tranquilidade,
> do que a casa farta de carnes e contendas.
> Provérbios 17.1

O ano era 1938. O mês, setembro. O primeiro-ministro Chamberlain, da Inglaterra, estava recém-chegado da Alemanha, onde realizara conferências com o líder daquele país. Mal conseguia se conter antes de dar a notícia pela rádio BBC: "Paz em nosso tempo! Paz com honra!"

Quase exatamente um ano depois, Adolf Hitler invadiu a Polônia, declarou guerra à Inglaterra, e nos sete anos seguintes a Europa e o mundo inteiro experimentaram a Segunda Guerra Mundial. Se aprendemos uma lição, é que a paz humana é instável, inconstante e imprevisível.

A falta de paz entre os homens é uma constante na história do mundo. A ausência de paz com Deus é uma marca na história espiritual de cada indivíduo. Sem Cristo Jesus, não existe paz entre Deus e o homem; por isso, não há paz entre homens e não há paz no "homem interior". Como Agostinho declarou, "Tu nos fizeste para ti, e nosso coração não descansa até que repouse em ti".

A paz é fruto do Espírito Santo e deve reinar no lar verdadeiramente cristão.

Você tem sido uma fonte de paz ou de contendas em seu lar?

Procure incentivar a paz em seu lar: ao redor da mesa nas refeições, durante viagens ou em outras ocasiões em que a família estiver reunida. Provoque conversas saudáveis e faça elogios apropriados. Junto com seu marido, estabeleçam algumas regras familiares que promovam a paz: nada de briguinhas; comunicação direta antes de "dedar" alguém; parar com qualquer gritaria; nunca reclamar da comida etc.

Ainda melhor do que um prato de hortaliças é um café servido ao marido na cama, junto com um cartãozinho com votos de alegria e muitos anos de vida juntos. Que tal levantar mais cedo um dia esta semana e oferecer esse café especial para o seu amor? (Veja Pv 31.15.)

29. Meditando a resposta

O coração do justo medita o que há de responder,
mas a boca dos perversos transborda maldades.
Provérbios 15.28

Shakespeare comentou: "Quando palavras são raras, não são gastas em vão". Um ditado filipino aconselha: "Na boca fechada, não entra mosca". Os árabes oferecem esta joia de sabedoria: "Tome cuidado que sua língua não corte seu pescoço".

Precisamos reconhecer o poder das palavras e, pela graça de Deus, começar a domá-las e canalizá-las para serem instrumentos úteis nas mãos do Senhor. De todos os lugares onde esse conselho é sadio, nenhum é mais importante que o lar e o relacionamento marido-esposa.

Como, então, desativar essa bomba entre nossos lábios? A resposta bíblica é pesar nossas palavras, pensar sobre nossas palavras e peneirar nossas palavras. Em outras palavras, falar pouco e falar bem o que falamos.

Por nós mesmos, isso será impossível. Somos pecadores por natureza, e a tendência natural é fofocar, resmungar, criticar, xingar e blasfemar. Mas foi por isso que Jesus veio a este mundo — para resgatar o homem, inclusive a sua língua.

Para resgatar as nossas palavras, precisamos nos preparar para situações de possível tensão. Depois de um dia difícil lidando com crianças doentes, pagando contas, enfrentando trânsito, atendendo clientes, agradando o patrão... use o tempo antes que a família toda chegue em casa para um preparo emocional e espiritual a fim de enfrentar novos desafios em casa. Apronte seu coração e sua boca para fazerem a transição do mundo "lá fora" para o mundo do lar. Quando chegar em casa, esteja pronta para ser boa esposa e boa mãe.

30. A repreensão salutar

> *Os ouvidos que atendem à repreensão salutar*
> *no meio dos sábios têm a sua morada.*
> Provérbios 15.31

> *O que encobre as suas transgressões jamais prosperará;*
> *mas o que as confessa e deixa alcançará misericórdia.*
> Provérbios 28.13

Uma das características mais marcantes na vida da pessoa sábia é sua capacidade de receber crítica, aproveitando-a para o seu próprio bem. O sábio tem um espírito humilde e ensinável e procura descobrir os pontos cegos na sua vida. Desde cedo, dá ouvidos à instrução e continua durante toda a sua vida pedindo conselho de pessoas sábias. O resultado é que a pessoa se torna cada vez mais sábia e curte uma vida abundante em todos os sentidos.

Por outro lado, uma das marcas mais evidentes de estultícia em Provérbios é a dureza de coração daquele que não dá ouvidos a conselhos, zomba de críticas que recebe e justifica a si mesmo. O resultado é uma vida estagnada, sem crescimento (pelo contrário, esse tolo vai de mal a pior) e que o leva à morte.

O segredo de uma vida sábia é:

- Ouvir a crítica;
- valorizar a crítica;
- mudar com base na crítica.

Você tem sido sábia ao receber críticas, diretas ou indiretas, construtivas ou destrutivas, das pessoas ao seu redor e especialmente do seu cônjuge?

Em vez de partir para o contra-ataque quando for criticada, fique calma, agradeça, pondere e talvez peça um tempo para ir à presença do Senhor a fim de avaliar a crítica e poder responder como Ele quiser.

31. O acessório da humildade

> O temor do SENHOR
> é a instrução da sabedoria,
> e a humildade precede a honra.
> Provérbios 15.33

O temor ao Senhor (amor por Deus) e o amor ao próximo andam de mãos dadas. Quem ama a Deus respeita a preciosidade do companheiro e humilha-se o suficiente para mudar o que desagrada aqueles ao seu redor.

O orgulho faz com que desconsideremos aqueles à nossa volta. Tapamos os ouvidos à instrução e negamos a possibilidade de estarmos errados. Pessoas orgulhosas se recusam a modificar maus hábitos que desagradam o cônjuge e causam muita tensão entre o casal. (Descobrimos em uma pesquisa com casais que a questão de como lidar com maus hábitos do cônjuge causava mais conflito conjugal, pelo menos nos primeiros anos de casamento, do que outras questões como comunicação, finanças, sexualidade e papéis!)

Normalmente é a esposa que reclama dos hábitos do marido, mas muitos maridos também têm suas queixas legítimas contra os hábitos da esposa. A humildade no casamento é necessária para que haja mudanças tanto no marido como na esposa. Observe a lista a seguir para ver se você não tem alguns maus hábitos que poderiam ser humildemente mudados para crescer em sabedoria e amor ao próximo (seu marido!).

- Limpar o ralo depois de tomar banho;
- não deixar cabelos espalhados pelo banheiro;
- ser pontual nos compromissos;
- avisar quando for chegar atrasado;
- não tomar banhos muito demorados quando outros estão esperando;
- evitar dominar conversas;

- evitar muita conversa, agitação e distração, inclusive saindo durante o culto;
- devolver o carrinho do supermercado para um lugar seguro.

32. A resposta do Senhor

> O coração do homem pode fazer planos,
> mas a resposta certa dos lábios vem do SENHOR.
> Provérbios 16.1

> O coração do homem traça o seu caminho,
> mas o SENHOR lhe dirige os passos.
> Provérbios 16.9

É muito bom fazer planos como casal. Mas sempre temos que lembrar que Deus tem um plano para os nossos dias. Por isso Tiago afirma: *Prestem atenção, vocês que dizem: "Hoje ou amanhã iremos a determinada cidade e ficaremos lá um ano. Negociaremos ali e teremos lucro". Como sabem o que será de sua vida amanhã? A vida é como a névoa ao amanhecer: aparece por um pouco e logo se dissipa. O que devem dizer é: "Se o Senhor quiser, viveremos e faremos isso ou aquilo"* (Tg 4.13-15, Nova Versão Transformadora).

Devemos buscar o Senhor não para carimbar nossos projetos, mas para descobrir a vontade dEle para nós. A melhor maneira de fazer isso é através da oração conjugal. Marido e esposa devem buscar a Deus juntos para tomar suas decisões, e não depender de sua própria sabedoria.

Infelizmente, poucos casais buscam o Senhor juntos em oração, fora, talvez, uma rápida oração antes das refeições. O ideal é que o marido tome a iniciativa de orar com a esposa, mas ela também pode, com tato e sensibilidade, sugerir que o casal ore em momentos oportunos. Se o marido não se opuser, e se ela for a parte mais sensível à necessidade de orar juntos, o casal pode combinar que ela seja a pessoa a sugerir isso.

Se o marido *não* quiser orar com a esposa, ela não deve fazer disso uma raiz de amargura e ponto de contenção entre ambos. Deve continuar crendo na soberania de Deus e clamar a ele para transformar o coração do marido.

33. Soberba e ruína

> A soberba precede a ruína,
> e a altivez do espírito, a queda.
> Provérbios 16.18

> Em vindo a soberba, sobrevém a desonra,
> mas com os humildes está a sabedoria.
> Provérbios 11.2

A soberba no casamento se revela de muitas maneiras: pensar sempre em si mesmo primeiro; falar (sem cessar) dos seus próprios sonhos, ideais e projetos; sempre reservar o maior e melhor pedaço (de *pizza*, sobremesa, carne etc.) para si; nunca admitir que errou; nunca pedir perdão; tomar posse do controle remoto da TV; demorar para se arrumar no banheiro, sem considerar as necessidades dos outros.

A soberba procura sempre mostrar que tem razão, custe o que custar. Mesmo que signifique prejudicar o andamento do lar, o soberbo só quer ganhar a discussão e nunca cede ao ponto de pedir perdão ou admitir que estava errado.

Mas a humildade apazigua disputas por poder no lar. Ela considera os outros superiores a si mesma (veja Fp 2.3,4) e promove a paz.

Você quer papariciar seu marido? Considere as opiniões e os pontos de vista dele antes de defender a sua perspectiva. Em vez de se exaltar para afirmar sua posição, considere a possibilidade de o outro ter razão. Esteja atenta para descobrir áreas em que você mesma talvez tenha tido uma atitude arrogante.

34. O primeiro amor

*O sábio de coração é chamado prudente,
e a doçura no falar aumenta o saber.*
Provérbios 16.21

Infelizmente, em alguns casamentos a "doçura" no falar vai se acabando com o passar do tempo. Você se lembra de como falava com seu marido durante o período de namoro? No primeiro ano de casamento? Consegue lembrar dos paparicos que praticavam como forma de dizer "Eu te amo"?

Quando o Cristo ressurreto confrontou a igreja de Éfeso por ter perdido seu *primeiro amor* por ele (Ap 2.4), deu-lhes uma fórmula de reconquista do amor que também serve para os casais: *Lembra-te, pois, de onde caíste, arrepende-te e volta à prática das primeiras obras* (Ap 2.5).

- Lembrar de onde caíram;
- arrepender-se;
- voltar à prática das primeiras obras.

Uma excelente receita para o casal depois de alguns anos de casamento!

Procure voltar ao seu "primeiro amor" na doçura do falar e no agir, aumentando as palavras de apreciação, carinho e amor para com seu marido, evitando palavras grosseiras, mal-educadas ou frias. Procure lembrar as qualidades de caráter do seu marido que a atraíram a ele no início do relacionamento. Repita alguns dos gestos que fazia logo cedo na sua amizade: pequenos bilhetes; ligações ou mensagens inesperadas; presentes em datas especiais e comuns; abraços espontâneos.

35. A glória do papai e do vovô

*Coroa dos velhos são os filhos dos filhos;
e a glória dos filhos são os pais.*
Provérbios 17.6

Como já vimos, a "coroa" sinaliza glória, honra e dignidade. Motivo de orgulho santo e alegria. Representa um legado, a possibilidade de estender nossa influência na terra, para a glória de Deus, muito depois de termos passado para nosso lar celestial.

Claro, os netos representam o fruto de anos e anos de investimento, primeiro nos pais deles, depois em sua própria vida. Costumamos dizer que a verdadeira prova do sucesso do nosso trabalho na educação dos filhos não é a vida deles, mas a vida dos *seus* filhos. Ou seja, sabemos que o discipulado do lar realmente funcionou se nossos discípulos (os filhos) conseguem transmitir a seus filhos (os netos) esse legado espiritual.

Assim como os avós se gloriam na vida dos netos, os filhos recebem honra quando são reconhecidos como filhos (e netos) de pais (e avós) dignos. Certa vez alguém desafiou pais e avós assim: "Seja o tipo de pai que, quando alguém apresentar seu filho como sendo seu filho, ele estufe o peito e não estique a língua".

Que tal separar uma noite para seus filhos e netos entregarem cartões que fizeram para seu marido (pai e/ou vovô), agradecendo-lhe pela influência na vida deles? Seria muito bom se fizessem essa homenagem não somente para o Dia dos Pais, mas em outras épocas não esperadas ao longo do ano.

36. O cobertor do amor

> *O que encobre a transgressão adquire amor,*
> *mas o que traz o assunto à baila separa os maiores amigos.*
> Provérbios 17.9

> *O ódio excita contendas,*
> *mas o amor cobre todas as transgressões.*
> Provérbios 10.12

No lar, somos como porcos-espinhos convivendo em uma mesma toca. Infelizmente, às vezes, quando estamos no nosso "lar, doce lar", recebemos alfinetadas dolorosas das pessoas mais próximas.

O que fazer nessas horas? O amor verdadeiro sabe a hora de cobrir as ofensas, de não levar em conta uma palavra mal falada, uma injustiça ocasional, um mal-entendido ou uma ofensa pontual.

O amor (leia-se: "outrocentrismo"), que sempre procura o bem-estar do outro acima do seu, faz com que não nos vinguemos quando somos machucados por aqueles ao nosso redor. O amor serve como cobertor que abafa a ofensa pelo bem do relacionamento.

Nada disso significa fugir do conflito ou deixar de confrontar o pecado quando isso se torna necessário. Mas quando a ofensa não é costumeira, quando foi um deslize que não caracteriza a pessoa e o relacionamento, o amor se prontifica a perdoar sem confrontar.

Você tem guardado mágoas em seu coração contra seu marido? O amor aprende a não viver em torno dos erros do passado e perdoa. Cubra os erros do seu marido com a graça de Jesus, revelada na cruz. O amor verdadeiro não é apenas uma emoção. Às vezes, não sentimos a emoção do amor, mas decidimos amar e continuar amando, mesmo quando o mundo nos influencia de maneira diferente.

37. Atitudes de amor na angústia

*Em todo tempo ama o amigo,
e na angústia se faz o irmão.*
Provérbios 17.17

*Ouvindo, pois, três amigos de Jó todo este
mal que lhe sobreviera,
chegaram, cada um do seu lugar [...];
e combinaram ir juntamente condoer-se dele e consolá-lo. [...]
Sentaram-se com ele na terra, sete dias e sete noites;
e nenhum lhe dizia palavra alguma,
pois viam que a dor era muito grande.*
Jó 2.11,13

Os amigos de Jó começaram muito bem ao tentar consolá-lo em meio ao seu grande sofrimento. Infelizmente, terminaram mal.

Podemos aprender muito deles sobre como confortar um amigo (ou marido!) na angústia. Palavras nem sempre ajudam. Abraços sempre são bem-vindos. Apontar "soluções" pode ser um ato cruel quando a pessoa só espera solidariedade. "A miséria ama companhia."

Quando seu marido estiver passando por alguma crise, seja uma amiga de verdade; evite as lições de moral ou as broncas. O que ele mais deseja é um abraço amigo, carinhoso, palavras que confortem e não acusem: "Que pena que aconteceu isso... sinto muito por você, vou orar por este assunto..."

Às vezes, a melhor atitude é o silêncio de compaixão e simpatia, em vez de oferecer soluções para os problemas que seu marido compartilha.

38. Ouvindo com o coração

> *O insensato não tem prazer no entendimento,*
> *senão em externar o seu interior.*
> Provérbios 18.2

Para fortalecer a amizade conjugal, os autores Gary e Anne Marie Ezzo recomendam o que chamam de "tempo de sofá". Trata-se de um período diário de dez a quinze minutos reservado exclusivamente para o marido e a mulher, em que os dois cultivam seu relacionamento como melhores amigos sem a interferência dos filhos.

O ideal é que esse tempo aconteça assim que ambos, pai e mãe, se encontrem em casa e que os filhos estejam acordados e cientes de que "mamãe e papai estão curtindo seu tempo juntos". Seria difícil calcular o benefício que esse tempo simples e diário tem promovido nas famílias. Além de fortalecer a amizade conjugal e manter os dois atualizados como casal, dá muita segurança para os filhos, pois sabem que mamãe e papai estão bem, sempre na mesma página, com uma frente unida em questões familiares.

Mas cuidado! Uma forte tendência do coração egoísta faz com que não escutemos o que o outro está dizendo, enquanto ruminamos sobre o que nós mesmos iremos falar.

Você realmente ouve o que seu marido tem a dizer, ou apenas o tolera enquanto pensa no que você vai falar ou responder? Quando ouvimos com o coração, temos interesse sincero. Devemos ouvir primeiro para depois responder, e prestar atenção no que o outro quer dizer. Cultive a disciplina de se concentrar no que seu marido está dizendo e evite interrompê-lo sem necessidade (Pv 18.13). Seja uma mulher sábia — ouça com seu coração.

39. Amor a distância

A morte e a vida estão no poder da língua...
Provérbios 18.21

Para te livrar da mulher adúltera, da estrangeira, que lisonjeia com palavras.
Provérbios 2.16

Muitos casais passam por períodos curtos ou longos de separação ao longo de sua vida. Às vezes, é por questões de trabalho; às vezes, pela necessidade de cuidar de um parente idoso ou doente, ou ainda para acompanhar um filho numa viagem.

O casal deve cuidar para que esse tempo não se prolongue desnecessariamente, criando situações em que a solidão, a separação e a tentação sexual cheguem a níveis perigosos (veja 1Co 7.1-5). O casal sábio mantém o seu relacionamento vivo mesmo a distância.

Há muitas maneiras de fazer isso, especialmente nestes dias de alta tecnologia e mídia social: ligações, mensagens, conversas pelo Skype e outras. Mas mensagens pessoais escritas à mão preservam um toque especial que diz "Eu te amo" mesmo a distância.

Escreva bilhetes de amor para seu marido e os coloque em lugares diferentes, como junto ao celular, na carteira, no porta-luvas do carro, em sua mala, no bolso do terno ou dentro dos sapatos. Suas palavras carinhosas farão com que se lembre de como ele é importante para você.

40. Gotas de tolice

> *O filho insensato é a desgraça do pai,*
> *e um gotejar contínuo, as contenções da esposa.*
> Provérbios 19.13

> *Melhor é morar no canto do eirado*
> *do que junto com a mulher rixosa na mesma casa.* [...]
> *Melhor é morar numa terra deserta*
> *do que com a mulher rixosa e iracunda.*
> Provérbios 21.9,19 (compare com 25.24)

A mulher que vive a contender com seu marido, ou que reclama de tudo e de todos o tempo todo, é comparada à goteira que pinga sem parar e incomoda a todos (Pv 19.13b).

Como é diferente a mulher com espírito manso e tranquilo:

> *Não seja o adorno da esposa o que é exterior* [...];
> *seja, porém, o homem interior do coração,*
> *unido ao incorruptível trajo de um espírito manso e tranquilo,*
> *que é de grande valor diante de Deus.*
>
> 1Pedro 3.3,4

Se você tem a tendência de falar muito, interromper, falar mais alto que as pessoas com quem conversa, sempre reclamar das suas dificuldades, dores ou desapontamentos, clame a Deus pela graça do silêncio. Aprenda a ouvir o seu marido e não só falar de você e seus problemas (Pv 18.2). Se ele é muito fechado ou tem dificuldade em compartilhar coisas do coração, faça perguntas sinceras, mas sem pressioná-lo. Dê tempo para ele refletir e responder, quando e como quiser. Acima de tudo, peça que Deus use sua vida para criar um ambiente de paz e contentamento em seu lar, e não de reclamação e rixas.

41. O cofre do coração

*Muitos propósitos há no coração do homem,
mas o desígnio do SENHOR permanecerá.*
Provérbios 19.21

*Como águas profundas, são os propósitos
do coração do homem,
mas o homem de inteligência sabe descobri-los.*
Provérbios 20.5

Casamento implica uma jornada de descobertas ao longo da vida — de gostos, interesses, valores e motivações. O casal sábio cresce no entendimento mútuo que facilita o processo em que *o ferro com o ferro se afia* (Pv 27.17), ou seja, o aperfeiçoamento mútuo que caracteriza os melhores casamentos.

Para realmente conhecer o coração do cônjuge, a esposa precisa estudá-lo, reconhecendo que a vida é dinâmica e o marido de ontem não é necessariamente o marido de hoje. Infelizmente, alguns conselheiros até justificam a separação e o divórcio à luz dessas mudanças — alegando que, afinal de contas, o marido não é mais o mesmo homem com quem você se casou tantos anos atrás.

Que absurdo! A beleza do casamento está no crescimento mútuo enquanto enfrentam as aventuras da vida!

O desafio para os casados é servir de espelho para o coração do cônjuge, ajudando-o a descobrir as motivações, expectativas, atitudes e intenções que existem no fundo do seu ser. A Palavra de Deus sempre será nossa maior e melhor ferramenta nesse processo (Hb 4.12,13), pois o discernimento dado pela Palavra consegue passar pela fumaça erguida pelo coração enganoso (Jr 17.9) para diagnosticar seus verdadeiros problemas.

Você consegue descobrir os propósitos do coração de seu marido? A maioria dos homens guarda os pensamentos íntimos no coração como joias em um cofre. A "mulher inteligente" sabe que vale a pena dar tempo e ter paciência para descobrir o segredo.

42. Desviando-se de contendas

Honroso é para o homem o desviar-se de contendas, mas todo insensato se mete em rixas.
Provérbios 20.3

Ora, é necessário que o servo do Senhor não viva a contender, e sim deve ser brando para com todos, apto para instruir, paciente.
2Timóteo 2.24

Não há desculpas para contendas e rixas desnecessárias. Muitas mulheres culpam "aquele período do mês" para justificar atitudes e palavras que ferem familiares. Mas não há respaldo bíblico para nos desculpar do pecado por causa de hormônios ou desconfortos físicos e emocionais.

Também há momentos na vida em que ficamos de mau humor só porque queremos ficar de mau humor. É justamente nesses momentos que o filho de Deus precisa do Espírito de Deus para controlar sua língua e fugir de conflitos desnecessários.

A melhor maneira de evitar uma briga entre você e seu marido é não deixar que ela comece. Se for necessário, em nome da paz, você deve engolir em seco e passar por cima do seu orgulho ou de alguma ofensa; mas não "engula" seu marido numa rixa. Se, por qualquer motivo, você estiver em um daqueles momentos em que tudo parece ruim, no mínimo evite abrir sua boca para não piorar a situação.

Clame a Deus pela graça de ser longânima e pacificadora (Pv 15.18), lembrando-se de que normalmente são necessários dois para brigar.

43. Achado: um homem fidedigno

Muitos proclamam a sua própria benignidade;
mas o homem fidedigno, quem o achará?
Provérbios 20.6

Seja outro o que te louve, e não a tua boca;
o estrangeiro, e não os teus lábios.
Provérbios 27.2

Assim como a mulher virtuosa (Pv 31.10-31), o homem fidedigno (fiel, firme, constante) é muito raro. Como a mulher virtuosa (Pv 31.28-31), ele deve ser honrado e louvado, especialmente pela esposa, que é quem melhor o conhece.

Você sabe muito bem quais são os defeitos do seu marido, porque convive com eles todos os dias. Infelizmente, com o passar dos anos, às vezes fica mais fácil identificar os defeitos do que elogiar as virtudes. Mesmo o homem *irrepreensível* (1Tm 3.2) tem falhas de caráter.

A pergunta é: Qual o seu foco quando olha para seu marido? As falhas ou as virtudes?

Em vez de ficar entre os muitos que diariamente apontam seus defeitos, fique entre aqueles que estimulam as virtudes do seu marido. Seja a "fã número um" dele!

Louve a Deus pelo marido que ele lhe deu e honre-o de forma apropriada. Que tal planejar um aniversário especial este ano para celebrar a ideia de Provérbios 20.6: o homem fidedigno, quem o achará? Pode seguir o tema de "achados e perdidos" e incluir uma "caça ao tesouro", um jogo de "esconde-esconde", presentes escondidos e procurados com a brincadeira de "quente-frio" e um "caça-palavras" com frases que descrevam o caráter do seu marido.

44. Planejando juntos

> Os planos mediante os conselhos têm bom êxito;
> faze a guerra com prudência.
> Provérbios 20.18

> Os planos do diligente tendem à abundância,
> mas a pressa excessiva, à pobreza.
> Provérbios 21.5

Já vimos a importância de um tempo diário como casal para nos atualizarmos sobre os acontecimentos do dia e refletirmos sobre desafios e vitórias (veja a ideia 38, sobre Provérbios 18.2 e o "tempo de sofá"). Mas o casal também precisa de tempos maiores para avaliar o andamento do lar, o desenvolvimento dos filhos, a amizade conjugal, as finanças e especialmente os planos futuros. A falta desse tempo de avaliação e planejamento tem complicado muitos relacionamentos e criado tensões desnecessárias na família.

Pense na possibilidade de marcar um ou dois momentos no ano em que vocês, como casal, possam fazer um balanço do seu lar, tratando justamente essas áreas. Parte do tempo pode ser reservada para uma retrospectiva e avaliação da família, e outra parte pode ser focada em traçar planos, alvos e sonhos para o futuro. Um retiro só os dois seria ótimo, mas, se não houver condições de sair, pense em separar algumas horas no fim de semana em que os filhos podem estar com os avós ou amigos, para vocês terem um tempo ininterrupto.

Você também pode servir de conselheira de planejamento para seu marido. Que tal dar de presente a ele uma agenda ou calendário? Antes que ele anote seus planos e compromissos, você deve incluir textos bíblicos, recados ou outras palavras de encorajamento. Serão lembranças de que o homem faz os planos, mas a resposta certa vem do Senhor (Pv 16.1).

45. Promessas precipitadas

Laço é para o homem o dizer precipitadamente: É santo!
E só refletir depois de fazer o voto.
Provérbios 20.25

*Quando um homem fizer voto ao S*ENHOR *ou juramento para obrigar-se a alguma abstinência, não violará a sua palavra; segundo tudo o que prometeu, fará.*
Números 30.2

Quando a Deus fizeres algum voto, não tardes em cumpri-lo; porque não se agrada de tolos. Cumpre o voto que fazes. Melhor é que não votes do que votes e não cumpras.
Eclesiastes 5.4,5

Votos assumidos, decisões tomadas e promessas feitas revelam nosso caráter. Deus leva muito a sério os compromissos que assumimos. Ele é testemunha de todos.

Como casal, vocês devem tomar decisões que afetam o futuro do lar em conjunto. Infelizmente, nem todos os homens têm o hábito de consultar a esposa antes de assumir algum tipo de compromisso. Mas Deus colocou a *auxiliadora idônea* ao lado do marido justamente para influenciar positivamente a perspectiva dele.

Tente fazer com que seu marido ouça sua opinião sem se tornar aquele "gotejar contínuo" que já mencionamos (veja Pv 19.13; 21.9,19; 25.24). Ajude-o a cumprir a palavra dele, mesmo que seja difícil, como afirma o Salmo 15.4 sobre a pessoa íntegra: *jura com dano próprio e não se retrata*.

Nunca diga: "Não te falei?" se ele cair nas armadilhas que você pressentiu. Ele mesmo há de reconhecer que você tinha razão, e quem sabe lhe dará ouvidos na próxima vez.

46. Amor à vista

> O rico domina sobre o pobre,
> e o que toma emprestado é servo do que empresta.
> Provérbios 22.7

> A ninguém fiqueis devendo coisa alguma,
> exceto o amor com que vos ameis uns aos outros;
> pois quem ama o próximo tem cumprido a lei.
> Romanos 13.8

Qualquer empréstimo que comprometa as finanças do lar leva à escravidão. A dívida é uma tesoura que rasga o saco financeiro. A sociedade nos seduz para cairmos nesta armadilha: cartões de crédito, cheques especiais, pagamentos parcelados (com ou sem juros) e muitos outros. Não que o uso destes constitua pecado. O perigo é gastar agora o que se pretende ganhar amanhã. E o saco rasga mais um pouco.

Pior que a dívida pessoal, a fiança constitui uma espécie de dívida importada. O fiador se compromete pela dívida de terceiros, como, por exemplo, na compra ou no aluguel de um apartamento ou carro, no início de um novo negócio que exige empréstimos etc. Provérbios diz: *Não estejas entre os que se comprometem e ficam por fiadores de dívidas, pois, se não tens com que pagar, por que arriscas perder a cama de debaixo de ti?* (22.26,27).

Uma maneira prática de demonstrar seu amor para seu marido é pelas economias e gastos sábios feitos no lar. O maior rombo no orçamento familiar são as dívidas. A esposa que pratica "amor à vista" faz as economias necessárias e disciplina-se para fazer as compras com simplicidade e, na medida do possível, somente "à vista"! Não corra atrás de um padrão de vida luxuoso!

47. Tradições familiares

Não removas os marcos antigos que puseram teus pais.
Provérbios 22.28

Não mudes os marcos do teu próximo, que os antigos fixaram na tua herança, na terra que o SENHOR, teu Deus, te dá para a possuíres.
Deuteronômio 19.14

Na terra de Israel, Deus designou lotes de herança familiar para serem repassados de pai para filho. Raízes profundas com o passado ficariam ligadas ao terreno natal de cada um. Qualquer mudança, seja por fraude, seja por roubo, seja por menosprezo da história, foi veementemente vetada por ordenança divina.

A preocupação divina parece ir além da posse da terra em si. Os vínculos históricos com a tradição e a história familiar seriam prejudicados pela desconsideração do passado.

No sentido figurativo, os marcos antigos das tradições familiares não devem ser descartados facilmente. Eles nos ligam com o passado, dão um senso de história, de valores e princípios.

O casal recém-casado terá que decidir quais tradições familiares irá manter em sua nova família. Em alguns casos, vai mesclar tradições e, às vezes, criar novas.

Pergunte ao seu marido sobre algumas das tradições da família dele (por exemplo, como eles celebravam aniversários, Natal, Páscoa e o Dia da Criança) e procure surpreendê-lo, repetindo algumas das tradições mais significativas para ele. Juntos, estabeleçam os marcos antigos que continuarão a manter fortes as raízes do passado em sua família hoje.

48. Mordomia

> Cuida dos teus negócios lá fora,
> apronta a lavoura no campo e, depois, edifica a tua casa.
> Provérbios 24.27

> Procura conhecer o estado das tuas ovelhas
> e cuida dos teus rebanhos,
> porque as riquezas não duram para sempre,
> nem a coroa, de geração em geração.
> Provérbios 27.23,24

Estabilidade financeira exige uma mordomia fiel. Inclui fé, mas não presunção. O lar saudável exige a cooperação de marido e esposa como time, tanto na aquisição como na manutenção dos bens familiares.

A esposa sábia ajuda o marido a não ser precipitado nos negócios. Não insista com seu marido para que vocês consigam, já nos primeiros anos de casamento, o que seus pais batalharam para adquirir ao longo de uma vida! Especialmente quando isso significa entrar em dívidas. Muitos casais jovens caem nesse erro e acabam com a corda de dívidas no pescoço, que os sufoca e eventualmente tira a paz dos endividados.

A boa mordomia inclui a manutenção daquilo que Deus já concedeu ao casal. Os dois textos acima servem-se do contexto agrícola da Palestina para insistir em planejamento, diligência e cuidado daquilo que Deus graciosamente nos deu. Pode-se perguntar por que Deus daria mais quando não cuidamos do que já temos.

Trabalhem, planejem, esperem e depois edifiquem a sua casa! Cuidem fielmente daquilo que já têm para serem fiéis mordomos das dádivas divinas.

49. Comunicação direta

*Pleiteia a tua causa diretamente com o teu próximo
e não descubras o segredo de outrem.*
Provérbios 25.9

*Se teu irmão pecar [contra ti],
vai argui-lo entre ti e ele só.
Se ele te ouvir, ganhaste a teu irmão.*
Mateus 18.15

Conta-se a história de um casal recém-casado que chegou em seu apartamento depois de uma semana de lua de mel na praia. Mal haviam guardado suas coisas quando o marido se virou para a esposa e declarou:

— Querida, em nossa lua de mel descobri alguns defeitinhos em você que eu não via antes. Você quer que eu lhe conte quais são?

— Não, obrigada — foi a resposta dela. — Eu convivo com meus "defeitinhos" há muito mais tempo que você, e os conheço muito bem. Além disso, se eu não os tivesse, teria arranjado um marido bem melhor do que você...

Esperamos que esse diálogo *não* represente seu casamento. Mas existe pelo menos uma virtude nele: a comunicação direta.

Infelizmente, vivemos dias de falsidade relacional. "Amigos" enfiam a faca verbal nas costas um do outro através da fofoca.

Procure sempre falar com seu marido diretamente quando tiver queixas contra ele e não passe a terceiros. Não conte para outros os "defeitinhos" dele. Conserve a confiança entre vocês, para que a "fofoca conjugal" não a separe de seu melhor amigo. Tenha sempre um espírito humilde e tratável ao fazer qualquer consideração a seu marido.

50. Maçãs de ouro

*Como maçãs de ouro em salvas de prata,
assim é a palavra dita a seu tempo.*
Provérbios 25.11

*Palavras agradáveis são como favo de mel:
doces para a alma e medicina para o corpo.*
Provérbios 16.24

Que tal unir o útil ao agradável: palavras doces com um presente doce para seu marido?

Para colocar algumas maçãs de ouro em salvas de prata para seu marido, que tal surpreendê-lo deixando um recado por WhatsApp ou outra mídia social?

Ou talvez deixar debaixo do travesseiro dele algo simples, como um bombom ou outro doce preferido? Acrescente um recadinho de estímulo e amor, dizendo: "Penso sempre em você", "Eu te amo, vou sentir saudades" ou "Estou orando por você".

Conte como você é grata por tudo que ele significa em sua vida e liste algumas qualidades que você admira nele.

Lembre-se: Não haverá presente melhor do que suas doces palavras, as quais serão como remédio para ele.

51. A crítica construtiva

> Como pendentes e joias de ouro puro,
> assim é o sábio repreensor para o ouvido atento.
> Provérbios 25.12
>
> Melhor é a repreensão franca do que o amor encoberto.
> Leais são as feridas feitas pelo que ama,
> porém os beijos de quem odeia são enganosos.
> Provérbios 27.5,6
>
> O que repreende ao homem achará, depois, mais favor
> do que aquele que lisonjeia com a língua.
> Provérbios 28.23

Já tratamos da importância de *receber bem* as repreensões do nosso cônjuge. Mas como *dar* palavras de incentivo em áreas de falha?

A crítica construtiva precisa ser dada com amor, mansidão e humildade: *Irmãos, se alguém for surpreendido nalguma falta, vós, que sois espirituais, corrigi-o com espírito de brandura; e guarda-te para que não sejas também tentado* (Gl 6.1).

À luz desses textos de Provérbios, a repreensão sábia e humilde vale *como pendentes e joias de ouro*. O propósito nunca é expor ou humilhar o outro, mas servir de talhadeira para que a imagem de Cristo seja formada mais e mais no cônjuge (Gl 4.19; Rm 8.29). Deus chamou o marido, assim como a esposa, para afiar o caráter um do outro *como o ferro com o ferro se afia* (Pv 27.17).

Se for necessário apontar uma área em que seu marido precise melhorar, procure fazê-lo de uma forma que reafirme seu amor constante por ele. Se ele não for muito aberto para receber suas sugestões (infelizmente, uma característica de muitos homens), ore a Deus para proporcionar o momento certo, do jeito dEle, para *completar a boa obra* (Fp 1.6) que já começou em seu marido.

52. A brandura que esmaga ossos

> A longanimidade persuade o príncipe,
> e a língua branda esmaga ossos.
> Provérbios 25.15

> Sem lenha, o fogo se apaga;
> e, não havendo maldizente, cessa a contenda.
> Provérbios 26.20

> Mas o fruto do Espírito é [...] mansidão...
> Gálatas 5.22,23

A mansidão não é fraqueza, mas "força sob controle". Esta parece ser a descrição da mulher que se submete ao marido como produto da obra de Cristo em seu coração, formando seu caráter.

Essa mulher escolhe colocar-se debaixo da autoridade do marido, mesmo sendo uma pessoa capaz e habilidosa, e ela o faz com espírito manso e tranquilo, em oração diante de Deus. Assim, Deus pode mudar também o coração de seu marido, como afirma 1Pedro 3.1,2,4:

> Mulheres, sede vós, igualmente, submissas a vosso próprio marido, para que, se ele ainda não obedece à palavra, seja ganho, sem palavra alguma, por meio do procedimento de sua esposa, ao observar o vosso honesto comportamento cheio de temor. [...] seja, porém, o homem interior do coração, unido ao incorruptível trajo de um espírito manso e tranquilo, que é de grande valor diante de Deus.

Para isso, é necessário o controle do Espírito de Deus, produzindo o fruto do Espírito, que é a vida de Jesus em nós. Só ele para transformar um coração que quer mostrar que tem razão! Mas, conforme o ditado, "Água mole, em pedra dura, tanto bate até que fura". Não queremos "bater tanto" a ponto de nos tornarmos pessoas irritantes. Mas pela brandura das palavras podemos conquistar grandes vitórias.

O que você faz quando seu marido chega mal-humorado em casa? Põe mais lenha na fogueira ou tenta acalmá-lo? Evite discutir com ele qualquer assunto delicado nesse momento, mas, se isso ocorrer, não tente ganhar a discussão, dizendo "Viu? Eu não falei que tinha razão?" Será que é tão importante derrotar seu marido assim? É melhor ganhá-lo com amor!

Procure ganhar pela brandura o que talvez, no passado, tenha tentado conquistar pela dureza.

53. Boas-novas a distância

*Como água fria para o sedento,
tais são as boas-novas vindas de um país remoto.*
Provérbios 25.25

Se seu marido (ou você) precisa viajar muito e ficar longe da família, igreja e amigos, pense em maneiras criativas pelas quais você pode trazê-lo mais para perto e alegrá-lo com boas-novas.

Uma das melhores maneiras é através de mídias sociais, que permitem acompanhar ao vivo eventos marcantes na vida da família. Festas de aniversário, recitais, jogos esportivos, cultos especiais, apresentações na escola — todos podem ser filmados e compartilhados como se a pessoa distante estivesse presente.

Outra ideia: Se seu marido tem um bom amigo ou parente que mora longe, e com quem não tem tido contato durante muito tempo, que tal incentivá-lo a entrar em contato com ele? Pode ser um amigo, companheiro da infância, da faculdade, parente ou vizinho que se mudou. Melhor ainda: entre em contato com a pessoa e peça que *ela* ligue para seu marido.

54. Juntos na disciplina

*Corrige o teu filho, e te dará descanso,
dará delícias à tua alma.*
Provérbios 29.17

A disciplina dos filhos leva ao descanso e a delícias num futuro próximo. Mas exige cooperação entre marido e esposa. A mulher que se omite na disciplina dos filhos ou no ensino sobrecarrega seu marido com fardos pesados quando chega em casa — e vice-versa.

Dividam as tarefas de maneira justa na educação de seus filhos. Busquem a coerência entre vocês. Façam uma frente unida e não estejam divididos diante dos filhos. Esposa, não discorde de seu marido na frente deles!

Podemos oferecer mais algumas sugestões práticas para os pais na disciplina dos seus filhos:

- Ensinar os limites.
- Distinguir entre imaturidade e rebeldia.
- Disciplinar a rebeldia.
- Ensinar quando houver irresponsabilidade.
- Demonstrar amor e graça.
- Não permitir que ele resista à vara, chore incorretamente etc.
- Não permitir que ele responda de forma negativa ao ser disciplinado.
- Disciplinar atitudes, e não somente ações.
- Ficar aberto para as explicações que ele der, desde que sejam feitas de forma correta.
- Prestar atenção para ver se ele sabe aceitar correção ou se sempre tem que ter a última palavra.
- Aprender, você mesmo, a pedir perdão a ele quando errar, e também a aceitar correção quando ele apontar (respeitosamente) um erro seu.

55. O temor aos homens

> Quem teme ao homem arma ciladas,
> mas o que confia no Senhor está seguro.
> Provérbios 29.25

> Porventura, procuro eu, agora, o favor dos homens
> ou o de Deus? Ou procuro agradar a homens?
> Se agradasse ainda a homens, não seria servo de Cristo.
> Gálatas 1.10

O temor aos homens é o oposto do temor do Senhor. Embora o termo traduzido por "temor" em Provérbios 29.25 seja diferente, a ideia é a mesma: quem teme aos homens confia nos homens, depende dos homens, espera dos homens o que somente Deus pode dar. Esse é um conceito-chave no livro de Provérbios, que nos exorta a confiar no Senhor de *todo* o nosso coração (Pv 3.5,6).

Os sintomas dessa doença-pecado são muitos: ansiedade, hipocrisia, mentira, exagero, comparação, desânimo, depressão, ira, manipulação e vaidade, entre outros. Mas talvez um dos principais sintomas seja o perfeccionismo junto com o ativismo.

Algumas mulheres têm tanto medo do que as outras pessoas vão pensar sobre elas que nunca conseguem dizer "não". Aceitam múltiplas responsabilidades na igreja, além das suas capacidades e do seu tempo, por medo de desapontar alguém. Muitas dizem "sim" a todo convite, não por amor a Jesus e com a motivação correta, mas porque temem o que os outros podem pensar. Elas acabam negligenciando os cuidados com os filhos, com o esposo e com a casa.

Avalie bem a sua vida, suas prioridades e motivações. Você tem negligenciado o importante para dar atenção ao que considera urgente porque não quer desapontar outras pessoas? Caiu no erro extremo de ativismo como forma de construir sua identidade baseada no que faz? Clame a Deus por discernimento e por coragem para se livrar do temor aos homens.

56. O valor da mulher virtuosa

Mulher virtuosa, quem a achará?
O seu valor muito excede o de finas joias.
O coração do seu marido confia nela,
e não haverá falta de ganho.
Ela lhe faz bem e não mal,
todos os dias da sua vida.
Provérbios 31.10-12

A poesia acróstica que encerra o livro de Provérbios canta os louvores da mulher virtuosa de A a Z. Cada um dos 22 versículos de 31.10-31 descreve uma característica da mulher que personifica os valores da sabedoria destacados ao longo do livro todo.

Mesmo que o trabalho dela seja centrado no lar, a mulher virtuosa traz muitos benefícios econômicos para sua família e principalmente para seu marido. Por causa dela, não há *falta de ganho* em sua casa (31.11). Veja os benefícios econômicos que ela traz:

- Seu valor excede o de finas joias (v. 10,11).
- Trabalha diligentemente com as mãos (v. 13,18,27).
- Economiza nas compras (v. 14).
- Vigia a sua casa (mordomia) (v. 15,27).
- Investe para gerar lucro (v. 16).
- Faz compras com discernimento (v. 16).
- Compadece-se dos pobres (v. 20).
- Faz projetos manuais (v. 21,22).
- Produz bens em casa para venda (v. 24).

Seja pela economia, seja pela diligência ou criatividade, a mulher sábia traz benefícios financeiros para sua família.

Você tem sido uma bênção ou um peso para seu marido na área financeira? Há áreas em que você pode ser uma bênção *maior*, à luz de Provérbios 31.10-31?

57. Beleza modesta

[A mulher virtuosa] *Faz para si cobertas,
veste-se de linho fino e de púrpura.*
Provérbios 31.22

*Não seja o adorno da esposa o que é exterior, como frisado
de cabelos, adereços de ouro, aparato de vestuário.*
1Pedro 3.3

*Da mesma sorte, que as mulheres, em traje decente, se
ataviem com modéstia e bom senso, não com cabeleira
frisada e com ouro, ou pérolas, ou vestuário dispendioso,
porém com boas obras (como é próprio às mulheres que
professam ser piedosas).*
1Timóteo 2.9,10

Como encontrar o equilíbrio entre elegância e modéstia? Como ser apropriadamente atraente na maneira de se vestir, sem chamar atenção indevida para si mesma?

Alguns homens reclamam que sua esposa se arruma para todo mundo, menos para eles. Ou eles se queixam de que ela nunca se arruma porque só fica em casa. Outros não entendem a necessidade que a esposa tem de horas a fio diante do espelho para se "produzir" antes de sair.

O texto bíblico sugere equilíbrio. A mulher virtuosa não esconde a beleza natural que tem. Não é pecado usar roupas atraentes e até caras. Mas ela não cai na ostentação e nunca se veste de maneira que chame a atenção para si mesma, ou de forma sensual.

Você tem se vestido de forma atraente não só para os de fora (igreja, serviço, comércio), mas também para agradar a seu marido? Você procura usar as cores, o perfume, o penteado que ele mais gosta? Se você sabe a hora que ele vai chegar em casa, que tal se preparar para recebê-lo bem?

Se tem dúvida sobre a roupa que pretende usar para sair de casa, que tal perguntar para seu marido o que ele acha? Mas esteja pronta para receber uma resposta honesta. Procure unir beleza e modéstia.

58. Caminhando juntos

Melhor é serem dois do que um [...].
Porque se caírem, um levanta o companheiro;
ai, porém, do que estiver só; pois, caindo,
não haverá quem o levante. [...]
Se alguém quiser prevalecer contra um, os dois lhe resistirão;
o cordão de três dobras não se rebenta com facilidade.
Eclesiastes 4.9,10,12

Embora esse texto se refira mais diretamente aos perigos que enfrentavam viajantes solitários no Oriente Médio, existem aplicações válidas para a vida conjugal. Foi Deus quem disse: *Não é bom que o homem esteja só* (Gn 2.18). Foi por isso que criou a mulher como companheira e amiga do homem solitário e depois declarou que *era muito bom* (Gn 1.31).

"Aliança" define o casamento; "amizade" o descreve. No matrimônio, somos viajantes, caminhando lado a lado pela jornada da vida. Juntos vamos bem mais longe. Quando um cai, o outro o ajuda a se levantar.

Você é uma verdadeira companheira do seu marido? Vocês se complementam na jornada da vida? Consegue levantar seu marido quando ele está "pra baixo"? Mostra interesse nas coisas de que ele gosta? Já desenvolveram algum *hobby* juntos?

Talvez ele não goste de flores como você, mas que tal oferecer-lhe um doce ou salgado de que ele goste, só para alegrá-lo um pouco? Pense numa área da vida em que você poderia ajudá-lo a aliviar um pouco sua carga: no cuidado dos filhos, em algum ministério da igreja, nas economias do lar, no serviço profissional. Às vezes, pequenas tarefas aliviam bastante!

59. Carpe diem

> *Vai, pois, come com alegria o teu pão e bebe gostosamente o teu vinho, pois Deus já de antemão se agrada das tuas obras. Em todo tempo sejam alvas as tuas vestes, e jamais falte o óleo sobre a tua cabeça.*
> *Goza a vida com a mulher que amas, todos os dias de tua vida fugaz, os quais Deus te deu debaixo do sol;*
> *porque esta é a tua porção nesta vida pelo trabalho com que te afadigaste debaixo do sol.*
> Eclesiastes 9.7-9

Por sete vezes, o livro de Eclesiastes olha por cima do sol para encarar a vida da perspectiva de Deus (2.24; 3.12,13; 3.22; 5.18; 8.15; 9.7,8; 11.9). Nesses textos, a perspectiva sombria do homem sem Deus debaixo do sol se dissipa e a vida é vista como uma dádiva preciosa a ser curtida e investida no temor do Senhor. Ou seja, *Carpe diem* — "agarre-se ao dia", "aproveite o momento".

Entre as maiores alegrias que Deus nos concede, encontra-se o relacionamento familiar. O autor de Eclesiastes inclui o amor conjugal como aspecto fundamental da vida vivida no temor do Senhor: *Goza a vida com a mulher que amas*!

Infelizmente, às vezes vivemos tanto no futuro que deixamos de curtir o dia de hoje como presente de Deus. Pensamos: "Não vejo a hora de _____". Mas, de tanto esperar o futuro, esquecemos que hoje é o futuro pelo qual ansiamos ontem. Não temos garantias do amanhã, mas temos o hoje.

Que tal saborear o prazer da vida familiar hoje? Pare de olhar o celular ou assistir à TV durante a refeição familiar. Compartilhe as bênçãos, por mais simples que pareçam, que vocês já desfrutam. Pense nos "pequenos abraços" que Deus lhes deu ao longo do seu dia. Promova algum passeio em família, mesmo que seja só uma caminhada no parque. Assista a um filme junto com seu marido para terminar o dia. *Carpe diem!*

60. Beleza aos olhos de quem ama

Como és formoso, amado meu, como és amável!
Cântico dos Cânticos 1.16

*O meu amado é alvo e rosado,
o mais distinguido entre dez mil.*
Cântico dos Cânticos 5.10

A caricatura que muitos têm do homem e da mulher é que a mulher gosta e precisa de elogios, especialmente quanto à sua aparência, mas que o homem não se importa tanto com isso.

No livro de Cântico dos Cânticos, encontramos uma proporção interessante que comprova, mas somente até certo ponto, essa observação. No livro, observamos o noivo/marido elogiando a beleza da mulher não menos de nove vezes, em que ele a chama de *formosa*. Mas somente uma vez ela o descreve como *formoso*. Também encontramos três discursos extensos em que ele descreve a beleza dela (4.1-15; 6.4-10; 7.1-8), mas somente um em que ela o descreve (5.10-16). Também merece atenção o fato de que ambos misturam elogios do encanto *físico* do seu par ao louvor pelo *caráter digno* do outro.

Talvez seja mais importante para a mulher receber esse tipo de elogio por parte do seu amado, mas ela também tem a responsabilidade de assegurar ao marido que só tem olhos para ele. A Sulamita não somente elogiou as qualidades de caráter do marido; ela também se encantou com a beleza física dele. Mesmo sendo características externas, e de menor valor do que a beleza do "homem interior", ela se apaixonou pelo marido que Deus lhe dera.

Seu marido se alegrará ao saber que você o considera atraente e amável! Não poupe esforços em compartilhar elogios genuínos e sinceros de sua apreciação tanto pela aparência quanto pelo caráter dele. Nos momentos mais íntimos do casal, esses comentários sábios e sinceros aprofundam o amor conjugal.

61. Debaixo da macieira

Qual a macieira entre as árvores do bosque,
tal é o meu amado entre os jovens;
desejo muito a sua sombra e debaixo dela me assento,
e o seu fruto é doce ao meu paladar.
Leva-me à sala do banquete,
e o seu estandarte sobre mim é o amor.
Cântico dos Cânticos 2.3,4

A noiva em Cântico dos Cânticos buscava *descanso* e *proteção* no amor do noivo. Ela o destaca como sendo único entre todos os homens, assim como uma árvore frutífera (macieira) no meio de uma floresta (v. 3). Ou seja, entre árvores que só davam folhas, ele dava fruto!

O desejo intenso dela era descansar na sombra dele e desfrutar das delícias do seu amor doce. Existia uma confiança e dependência mútua entre o casal. A Sulamita, que no passado havia trabalhado tanto debaixo de um sol escaldante (Ct 1.5,6), agora descansava debaixo da sombra protetora do amado e se deleitava no seu "fruto".

Ela aprecia o fato de que o amor dele para com ela não era como um namoro escondido. Ele tinha orgulho dela e queria que todo mundo soubesse da sua paixão pela amada, levando-a à sala real de banquetes como sua convidada de honra.

Ela descreve o amor dele como se fosse um *banner* (*estandarte*) erguido, declarando seu amor por ela. O estandarte era um símbolo visível usado para reunir as tribos de Israel, como uma bandeira (cf. Nm 2.3,10,18,25; 10.14,18,22,25). Também descreve um *banner* usado pelo exército, sinalizando o lugar onde as tropas deveriam congregar em meio à batalha. Este indicava posse e proteção, às vezes sendo pendurado no muro de uma cidade, identificando sua lealdade e garantindo sua proteção. A ideia é que ela encontrava segurança e exclusividade no amor dele.

Nem sempre é fácil para a mulher hoje, diante das ondas e desafios de um feminismo radical, colocar-se debaixo da proteção e descansar no cuidado do marido. E nem todo homem foi preparado para proporcionar esse tipo de segurança para sua esposa.

No que está ao seu alcance, procure descansar no amor e na proteção do seu marido. Tome cuidado para não ser tão proativa que você atropele aquele que Deus chamou para ser sua "macieira". Permita que ele pratique as pequenas cortesias que dizem "Eu te amo e estou aqui para te proteger".

62. Raposinhas

*Apanhai-me as raposas,
as raposinhas, que devastam os vinhedos,
porque as nossas vinhas estão em flor.*
Cântico dos Cânticos 2.15

Todo casamento passa por lutas, desafios, tempestades e ameaças. A noiva no Cântico dos Cânticos identifica esses problemas como *raposinhas* que atacam a flor do amor mesmo em plena primavera.

Naquela época raposas eram comuns na Palestina e bem conhecidas pela sua capacidade de destruição das plantações. A amada clama na primeira pessoa do plural, *Apanhem para nós as raposas* (NVI), o que mostra que a resolução dos problemas, grandes e pequenos, é de interesse de ambos.

Para entender melhor a presença de "raposinhas" devastando o jardim do amor, basta voltar para o primeiro jardim, no Éden. Lá, as investidas de Satanás sujaram o espelho da imagem de Deus refletida no relacionamento a dois (Gn 1.27). Os efeitos imediatos da Queda foram sentidos no relacionamento do casal. Subversão dos papéis (Gn 3.1-6); vergonha pela nudez (inocência perdida, Gn 3.7); cumplicidade na fuga do Criador (3.8); culpa e acusação mútua (3.12) e conflito conjugal (3.16b) entraram no mundo como resultado da entrada do pecado na nossa história. A única solução naquele momento, e ainda hoje, foi a promessa do Redentor, a Semente da mulher, Jesus, que esmagaria a cabeça de Satanás e das raposinhas no jardim de amor (Gn 3.15).

Como lidar com as raposinhas? O texto traz algumas soluções. Mas entendemos, à luz das Escrituras, que somente a graça de Cristo que concede perdão aos pecadores é capaz de transformá-los em perdoadores. A parábola que Jesus contou do servo malvado que recusou perdoar uma dívida insignificante em comparação com o perdão da sua dívida enorme ilustra o princípio de que grande graça requer grande graciosidade. Para matar as raposinhas de mágoas e falta de perdão, precisamos do amor de Jesus e um coração sempre ciente da sua própria miséria e do perdão de Cristo (Mt 18.21-35).

Como veremos logo em seguida, a própria Sulamita sugere uma das principais soluções para as raposinhas: o compromisso indissolúvel para com a aliança conjugal. No próximo versículo, sem nenhuma pausa, ela declara: *O meu amado é meu, e eu sou dele* (Ct 2.16).

Todo casal enfrenta raposinhas. Aqueles que desistem facilmente nunca chegarão ao pleno amadurecimento do amor. Mas outro fim aguarda aqueles que não veem outra opção a não ser enfrentar juntos seus problemas, estender o perdão um ao outro, contar com o Senhor para edificar sua casa (Sl 127.1) sem sequer contemplar a separação ou o divórcio. Esse compromisso para com os votos conjugais já traz glória para Deus! Podemos resumir dizendo que compromisso vence conflitos sempre!

63. Sou do meu amado

O meu amado é meu, e eu sou dele;
ele apascenta o seu rebanho entre os lírios.
Cântico dos Cânticos 2.16

A expressão *O meu amado é meu, e eu sou dele* é uma de apenas duas frases que se repetem três vezes no livro de Cântico dos Cânticos, com pequenas, mas importantes, diferenças (2.16; 6.3; 7.10).

A outra frase, *Conjuro-vos, ó filhas de Jerusalém, pelas gazelas e cervas do campo, que não acordeis, nem desperteis o amor, até que este o queira* (2.7; 3.5; 8.4), fala da espontaneidade do amor, que não pode nem deve ser forçado. *O meu amado é meu, e eu sou dele* fala da exclusividade do amor conjugal no contexto da aliança matrimonial.

Esse refrão amadurece ao longo do livro, enquanto o amor se aprofunda. Note a progressão:

O meu amado é meu, e eu sou dele (2.16).
Eu sou do meu amado, e o meu amado é meu (6.3).
Eu sou do meu amado (7.10).

Podemos notar um crescente "outrocentrismo" no amor maduro. No início, a posse toma precedência sobre o pertencer. Aos poucos, porém, há uma transição sutil, em que o fato de pertencer toma precedência sobre o possuir. Esse é o amor maduro, um amor que parece com Jesus, que nos amou e se entregou por nós!

Você e seu marido têm celebrado o fato de que cada um pertence exclusivamente ao outro? Nada e ninguém deve invadir ou atrapalhar seu amor. Que tal escrever esse versículo num cartão ou fazer algum trabalho manual e criativo (tipo ponto-cruz, pintura etc.) como lembrança da exclusividade do seu amor um pelo outro?

64. Atendendo ao convite

> O meu amado fala e me diz: Levanta-te,
> querida minha, formosa minha, e vem.
> Cântico dos Cânticos 2.10

> Não vos priveis um ao outro...
> 1Coríntios 7.5

Pense cuidadosamente antes de rejeitar um convite amoroso do seu marido. Quando ele convida você para um passeio, um encontro romântico, uma intimidade conjugal, ele está se expondo à rejeição. Certamente haverá momentos em que simplesmente "não dá", mas avalie se seus motivos são sinceros e justos. Será que não seria mesmo interessante usufruir esse momento em seu casamento, dizendo "sim"?

O apóstolo Paulo faz esta recomendação em 1Coríntios 7.5: *Não vos priveis um ao outro, salvo talvez por mútuo consentimento, por algum tempo, para vos dedicardes à oração e, novamente, vos ajuntardes, para que Satanás não vos tente por causa da incontinência.*

Parece que alguns em Corinto estavam caindo no erro do "celibato conjugal". Paulo proíbe a prática. Ele admite uma única exceção em que o casal poderia ter um jejum sexual. Estabelece quatro fatores que determinam quando e como:

1. *Por mútuo consentimento* — não é uma decisão unilateral! Não é a esposa sozinha ou o marido sozinho que irá decidir que agora é hora de se abster de relações. Implícito aqui é o fato de que o casal conversa sobre seu relacionamento. Há abertura para discutir seus desejos, suas preferências.

2. *Por algum tempo* — a frase significa um tempo claramente delineado; não é algo em aberto, sem esperança de terminar, mas com começo e fim bem delimitados.

3. *Para vos dedicardes à oração* — embora o judaísmo enfatizasse períodos intensos para devoção a Deus, abstenção por outros

motivos existia no Antigo Testamento (veja Ec 3.5; Jl 2.16; Zc 12.12). Talvez possamos estender a exceção para períodos em que os dois vão focalizar questões do reino de Deus, seu relacionamento com Deus e talvez seu serviço ao reino. Juntos, concordam em não se unir durante esse tempo para poderem se dedicar de corpo e alma ao Senhor, *como se fossem solteiros*. Interessante a ênfase aqui em oração conjugal (cf. 1Pe 3.7) e sua prioridade no casamento. Como ficamos distantes do plano divino!

4. *E, novamente, vos ajuntardes* — esse tempo claramente delineado tem seu fim numa celebração sexual. O casal se encontra novamente e curte seu relacionamento a dois.

65. Jardim de amor

> *Ah! Venha o meu amado para o seu jardim*
> *e coma os seus frutos excelentes!*
> *Já entrei no meu jardim, minha irmã, noiva minha;*
> *colhi a minha mirra com a especiaria,*
> *comi o meu favo com o mel,*
> *bebi o meu vinho com o leite.*
> *Comei e bebei, amigos; bebei fartamente, ó amados.*
> Cântico dos Cânticos 4.16b—5.1

Na noite das núpcias, depois dos muitos elogios que o noivo faz à noiva, finalmente ela se entrega a ele. O "jardim", que representa a virgindade dela, ela entrega como o presente mais precioso e valioso que tinha. Na sequência, ele consuma a aliança matrimonial e descreve seu deleite como se tivesse encontrado a Terra Prometida, que manava "leite e mel".

Finalmente, uma voz misteriosa, que só pode ser a voz de Deus, penetra a noite escura do seu aposento, declarando sua bênção sobre o prazer romântico e sensual do casal, prazer criado por ele.

Note como aqui — e também mais tarde no livro, de forma ainda mais ousada e sensual (veja Ct 7.11-13) — a esposa convida o marido a desfrutar das delícias do seu amor. Ela convida o marido para um encontro amoroso, e não apenas suporta esses momentos. De tempos em tempos, ela toma a iniciativa de cultivar um ambiente em que os dois expressam a alegria do matrimônio.

Você poderia ser criativa e amorosa na criação de um ambiente assim esta semana?

66. Soletrando as qualidades

O seu falar é muitíssimo doce; sim, ele é totalmente desejável.
Tal é o meu amado, tal, o meu esposo...
Cântico dos Cânticos 5.16

O livro de Cântico dos Cânticos retrata a história de amor de Salomão e seu par, a Sulamita (cujo nome é a forma feminina do nome dele, como "Marcelo e Marcela" ou "Roberto e Roberta"). Do noivado às núpcias, depois para o conflito conjugal e sua resolução, encontramos nesse livro um álbum de fotos da história matrimonial do casal.

No momento mais tenso do livro, logo após a lua de mel, o casal passa pelo conflito causado pela monotonia e apatia em seu relacionamento (5.2-8). Nesse momento, a Sulamita clama pela ajuda das suas amigas para tentar localizar o marido ofendido, para que ela possa pedir perdão e acertar o relacionamento. As amigas, por sua vez, respondem com sarcasmo à pergunta sobre a necessidade de tanta urgência em resolver sua situação: *Que é o teu amado mais do que outro amado, que tanto nos conjuras?* (v. 9). Ela responde listando as qualidades que encontrava nele (e que havia esquecido em meio ao tédio do casamento).

Faz bem, naqueles momentos em que o rotineiro toma precedência sobre o romântico, voltar ao "primeiro amor" e lembrar as características louváveis do cônjuge. Uma maneira de fazer isso, assim como o marido da mulher virtuosa faz em Provérbios 31.10-31, é por meio de um poema acróstico das qualidades de caráter do amado.

Faça um poema acróstico, destacando uma qualidade de caráter do seu marido com cada letra do nome dele. Por exemplo:

M aravilhoso
A tencioso
R esponsável
C riativo
O rganizado
S ábio

67. Segunda lua de mel

> Vem, ó meu amado, saiamos ao campo,
> passemos as noites nas aldeias.
> Levantemo-nos cedo de manhã para ir às vinhas;
> vejamos se florescem as vides, se se abre a flor,
> se já brotam as romeiras; dar-te-ei ali o meu amor.
> Cântico dos Cânticos 7.11,12

Como já vimos, o dia a dia de um casamento pode facilmente cair na rotina. No livro de Cântico dos Cânticos, quando o marido procurou a esposa para um encontro romântico, ela estava mais preocupada em não estragar os tratamentos cosméticos que havia feito antes de dormir do que com aquele que deveria ser a razão deles (5.3ss).

Graças a Deus, o casal conseguiu resolver suas diferenças pelo perdão, que culminou em um local romântico no final do livro, uma segunda lua de mel. Para esse encontro, a própria esposa tomou a iniciativa, convidando o marido para um tempo no campo, longe das atividades e das responsabilidades corriqueiras do palácio. Ela, que era tímida e temerosa no início do livro, como uma pomba escondida nos penhascos (2.14), agora é confiante e segura no amor.

Se você sente que tem essa liberdade, que tal convidar seu marido para um retiro romântico de primavera? Talvez possam se inscrever em um retiro de casais da sua igreja ou de outra igreja conhecida. Talvez tenham que poupar dinheiro e planejar ao longo do ano, mas os benefícios valerão mais que a despesa num orçamento limitado.

68. Amor que sabe nadar

> As muitas águas não poderiam apagar o amor,
> nem os rios, afogá-lo;
> ainda que alguém desse todos os bens da sua casa pelo amor,
> seria de todo desprezado.

Cântico dos Cânticos 8.7

O amor genuíno é uma decisão de se dar ao amado. Nada pode afogar esse amor, pois sabe nadar acima dos problemas, das dificuldades, das circunstâncias e dos conflitos que fazem parte normal da vida.

O amor não pode ser extinguido. Nenhum outro texto da Bíblia descreve em termos tão lindos a natureza perseverante do amor. Nem mesmo um *tsunami* será capaz de apagar o amor!

O amor vale mais que tudo. Amor verdadeiro não tem preço. Se alguém tentasse comprar amor, seria ridicularizado, pois o amor comprado não é amor, mas prostituição.

Deus é a única possível Fonte desse amor. É Ele que pronuncia a bênção sobre o casal no ponto central do livro (5.1b). Ele é o único que capacita homens e mulheres falhos e fracos a amar um ao outro com amor "outrocêntrico". Como o apóstolo João nos lembra, *Deus é amor* (1Jo 4.16), e nós conseguimos amar porque Ele nos amou: *Amados, amemo-nos uns aos outros, porque o amor procede de Deus; e todo aquele que ama é nascido de Deus e conhece a Deus* (1Jo 4.7; cf. 1Jo 3.1; 4.8,10,12,16, 20; 5.1,3).

O auge da revelação do amor de Deus é a cruz de Cristo (Jo 3.16; Rm 5.8). Assim como o casal descreve a natureza do amor nesse texto, o amor que Cristo demonstrou é irresistível, ciumento (persegue-nos até o fim — veja Os 11.4), gerado por Deus, não pode ser extinguido e vale mais que tudo. Mas o amor de Cristo também foi doloroso, pois custou-lhe sua própria vida.

Vocês estão passando por águas profundas? Sentem o aperto de finanças limitadas? Passaram por situações de perda ou de luto?

Experimentam frustrações repetidas? Saiba que o seu amor vale mais do que todos os bens deste mundo, tem maior importância que todas as perdas e pode superar as dificuldades mais agudas.

Essa é uma oportunidade ideal para declarar seu amor constante por seu marido, aconteça o que acontecer.

69. Aliados da aliança

> ... o SENHOR foi testemunha da aliança entre ti
> e a mulher da tua mocidade, [...] sendo ela a tua
> companheira e a mulher da tua aliança.
> Malaquias 2.14

Apatia espiritual inevitavelmente manifesta-se nos casamentos e nas famílias, primeiro na sociedade maior, depois entre o povo de Deus. Uma das primeiras evidências de decadência é a desintegração de valores familiares. O pouco caso com que se trata a família revela a destruição dos fundamentos da sociedade. O aumento exponencial de adultério e divórcio em nossos dias reflete essa espiritualidade morna.

Nos dias de Malaquias, as coisas andavam do mesmo jeito. Muitos anos depois do retorno do povo de Deus do exílio, mesmo havendo se livrado da antiga praga de idolatria, pairava sobre o povo uma apatia e letargia espiritual. A aparente religiosidade era oca e rotineira, e a indiferença refletia um coração longe do seu grande Deus (Ml 1.11,14) e que precisava ser exposto pelo Senhor.

O Senhor é a testemunha principal da aliança matrimonial feita entre casais. Seu nome é desonrado quando tratamos aqueles votos de forma leviana. Malaquias nos lembra de que:

- Deus foi a verdadeira testemunha do pacto feito entre os cônjuges (2.14a).
- O casamento tem como natureza uma amizade pactual (2.14b).
- O propósito do casamento é ser fonte de um legado perpétuo (2.15,16).

Como fortalecer seu compromisso para com os votos matrimoniais? A seguir, algumas ideias:

1. Repetir anualmente seus votos de casamento.
2. Convidar o pastor que fez seu aconselhamento pré-nupcial e/ou a cerimônia do seu casamento para uma refeição em casa.

3. Olhar (ou escutar) juntos o vídeo (filme/álbum) do seu casamento.
4. Concordar em nunca cogitar, brincar ou ameaçar divórcio em suas discussões.
5. Celebrar seu aniversário de casamento.
6. Preparar um memorial criativo dos seus votos de casamento (ponto-cruz, moldura) e pendurá-lo em casa.
7. Afirmar seu amor incondicional: "Eu te amo", sem outras qualificações.
8. Estudar juntos textos bíblicos que falam da importância de cumprir votos e compromissos assumidos diante de Deus (Ec 5.1-7; Sl 15.4; Pv 20.25; Lv 27).
9. Assistir juntos a cerimônias de casamento e conversar depois sobre a mensagem, os votos.
10. Procurar ajuda quando estiverem enfrentando dificuldades no relacionamento.

70. Acertando as contas

Se possível, quanto depender de vós,
tende paz com todos os homens.
Romanos 12.18

Antes, sede uns para com os outros benignos,
compassivos, perdoando-vos uns aos outros,
como também Deus, em Cristo, vos perdoou.
Efésios 4.32

Conta-se a história de um toureiro em luta mortal contra um touro na Espanha. Durante a tourada, o primeiro sentiu-se mal. Teve tonturas e precisou se sentar — em plena vista do touro furioso. Mas, ao contrário do que se esperava, o touro — que tinha sido gravemente agredido pelo próprio toureiro ao longo desse "espetáculo" — parou diante dele e, para surpresa geral, ficou simplesmente olhando o homem. Foi como se sentisse compaixão pelo seu companheiro de lutas. Enquanto isso, a equipe conseguiu resgatar o toureiro do perigo.

Seria tão bom se na família nos comportássemos assim também. Apesar das muitas feridas inevitáveis recebidas na convivência conjugal ao longo dos anos, Deus nos chama para uma vida de paz e perdão.

Deus quer paz em nossos lares. O segredo de um casamento feliz e bem-sucedido é o que acontece depois de uma discussão ou briga entre o casal. A reconciliação é fundamental para que não haja nenhum ressentimento nos corações.

Não guarde mágoas em seu coração. Será que você precisa pedir perdão a seu marido para poder acertar as contas com ele? Há quatro palavras difíceis de pronunciar, mas de vital importância para todo casamento: "Por favor, me perdoe". Aplique-as em sua vida.

71. Autoridade

> Todo homem esteja sujeito às autoridades [...];
> porque não há autoridade que não proceda de Deus;
> e as autoridades que existem foram por ele instituídas.
> Romanos 13.1

> As mulheres sejam submissas ao seu próprio marido, como ao Senhor.
> Efésios 5.22

À luz da Palavra de Deus, todos nós somos sujeitos a alguma autoridade:

- Cidadãos ao governo (Rm 13.1,5; 1Pe 2.13; Tt 3.1).
- Ovelhas aos pastores (Hb 13.17; 1Co 16.16).
- Jovens aos mais velhos (1Pe 5.5).
- Esposas ao marido (Ef 5.22ss; Cl 3.18).
- Filhos aos pais (Ef 6.1-3; Cl 3.20).
- Servos aos senhores (Ef 6.5; Cl 3.22).
- Todos a Deus (Tg 4.7; Hb 12.9).

Como disse o pastor Jeff Drydden, "Submissão é o sabor do cristianismo".

A plenitude do Espírito em nossa vida faz com que vivamos contentes nas esferas de autoridade que Deus ordenou. Quando ficamos nós mesmos em posições de autoridade, temos a responsabilidade pelas decisões que afetam a vida dos que nos cercam. Quando ficamos sujeitos às autoridades, podemos descansar no fato de que estamos agindo debaixo da autoridade de Deus.

Como esposa submissa ao seu marido, você pode (e deve) expressar a sua opinião a ele, de forma respeitosa e carinhosa, mas sem lutar para ter sempre a última palavra. Descanse no fato de que Deus responsabiliza seu marido pelas decisões tomadas em seu lar, e permita que o Senhor o guie.

72. Prazer mútuo

*A mulher não tem poder sobre o seu próprio corpo,
e sim o marido; e também, semelhantemente,
o marido não tem poder sobre o seu próprio corpo,
e sim a mulher.*
1Coríntios 7.4

O celibato dentro do casamento é pecado, a não ser em situações extremas de doença, incapacidade etc.

Paulo deixa claro que abstinência conjugal normalmente é um desvio do plano de Deus e do seu propósito para o casamento. Essa situação pode ser muito arriscada, explorada por Satanás para danificar o testemunho e o ministério do Reino!

Alguns se casam por conveniência ou egoísmo, procurando alguém para satisfazer todas as suas necessidades. Mas casamento não é sobre achar a pessoa certa, é sobre ser a pessoa certa. O casamento cristão, assim como a vida cristã, é sobre *dar* a nossa vida no serviço do outro, assim como Jesus, que *não veio para ser servido, mas para servir e dar a sua vida em resgate por muitos* (Mc 10.45).

Quando casamos, abrimos mão de um grande direito — o direito de autonomia sobre o que fazer e não fazer com nosso corpo. O casamento implica uma preocupação constante com os desejos sexuais do cônjuge.

Se existe algum segredo de uma vida sexual feliz como casal, é o amor altruísta, em que cada um procura o prazer do outro acima do seu próprio. Isso não significa que a esposa deve se submeter a práticas sexuais que ela considera vergonhosas ou repugnantes, mas que deve fazer tudo em seu poder para atender aos desejos do marido, assim como ele, aos de sua esposa.

Perca-se na satisfação sexual do seu cônjuge! Procure o bem do outro em primeiro lugar, e seus desejos serão saciados. Satisfaça-se com o amor e a intimidade do seu próprio cônjuge num contexto de mutualidade.

O casal deve conversar aberta e francamente sobre os desejos e preferências de cada um. Procurem juntos achar o equilíbrio em seu relacionamento sexual que deixará os dois realizados e satisfeitos.

73. A verdadeira supermulher

Ainda que eu tenha o dom de profetizar
e conheça todos os mistérios e toda a ciência;
ainda que eu tenha tamanha fé,
a ponto de transportar montes,
se não tiver amor, nada serei. [...]
O amor [...] *não procura os seus interesses...*
1Coríntios 13.2,4,5

Mas o fruto do Espírito é: amor...
Gálatas 5.22

Você pode ser uma mulher de muitos dons e talentos, um sucesso no mundo dos negócios e conhecida como professora ou palestrante na igreja, mas ser um fracasso como esposa e mãe. Tome cuidado! Deus não coloca uma fita métrica ao redor do cérebro, mas em volta do coração!

Não existem supermulheres. Mas existe a mulher que é "super" em uma única área que Deus supervaloriza: o amor.

A mais linda poesia sobre o amor já escrita destaca as qualidades do amor verdadeiro que, em uma palavra, representam o "outrocentrismo", que é a vida de Jesus em nós. Deus é amor e Ele nos amou através do sacrifício do seu único Filho, Jesus, por nós.

Talvez o melhor título para este livro fosse *101 ideias para amar o seu marido*. O paparicar significa amar a ponto de servir o outro. A mulher que ama está disposta a dar de si mesma, sacrificialmente, para o bem do marido e da família, sem se sentir como mártir e sem chamar atenção para si mesma. Está pronta para abrir mão de supostos direitos em prol dos privilégios dos outros.

Somente o amor de Jesus transforma pessoas egoístas em pessoas que realmente amam como ele nos amou.

Repare que é o Espírito que produz as qualidades de Jesus em nossa vida (Gl 2.20). Elas são sobrenaturais, e não fruto de esforço próprio ou tentativas de fazer melhor, tentar mais, pular mais alto. O fruto do Espírito é singular, mas os gomos são vários. A primeira característica produzida pelo Espírito de Deus em nós é o amor.

Ao ler cada descrição do amor "outrocêntrico" de 1Coríntios 13 e do fruto do Espírito em Gálatas 5.22,23, junto com as ideias que seguem, avalie o seu coração e clame a Deus para ser esse tipo de "supermulher".

74. A longanimidade do amor

O amor é paciente...
1Coríntios 13.4

Mas o fruto do Espírito é [...] longanimidade...
Gálatas 5.22

Jacó trabalhou sete anos para conseguir Raquel como esposa, e mais sete depois de ser enganado para se casar com Lia, irmã de Raquel. Mesmo assim, *estes lhe pareceram como poucos dias, pelo muito que a amava* (Gn 29.20).

O amor verdadeiro está disposto a esperar. Antes do casamento, costumamos dizer que "o tempo é o maior aliado em relacionamentos duradouros". Isso porque o tempo só aprofunda e confirma o amor verdadeiro. Se alguém não está disposto a esperar o amado, não ama de verdade.

Algumas esposas testam os limites do amor de seus maridos justamente nessa área da paciência! Mas a mulher também precisa aprender a esperar pacientemente pelo amado. Esposas com marido descrente precisam esperar o tempo de Deus para sua conversão, sem tentar forçar a barra (veja 1Pe 3.1-6). As mulheres frustradas porque aparentemente o marido nunca muda precisam de paciência para confiar que Deus é o único capaz de transformar o coração do homem. Mães que sentem que só falam "não" o dia todo precisam lembrar que *aquele que começou boa obra* em seus filhos *há de completá-la* (Fp 1.6). Em momentos difíceis, de grande provação, precisam de paciência e longanimidade para aprender as lições preciosas que Deus quer passar, sem espernear.

Se estiver atravessando um momento difícil, evite reivindicar o que quer, mas seja longânima e espere o tempo em que o Senhor resolverá seu problema.

75. Amor zeloso

> ... o amor não arde em ciúmes...
> 1Coríntios 13.4

> Nada façais por partidarismo ou vanglória, mas por humildade, considerando cada um os outros superiores a si mesmo.
> Não tenha cada um em vista o que é propriamente seu, senão também cada qual o que é dos outros.
> Filipenses 2.3,4

Cada característica do amor em 1Coríntios 13 remete às falhas da igreja em Corinto. Mas nenhuma delas retrata melhor o maior defeito daquela igreja: o egoísmo. Quase todos os problemas da igreja se deviam ao egocentrismo. Isso provocava divisões conforme interesses particulares e levava ao partidarismo.

A frase *não arde em ciúmes* literalmente diz: "não é zeloso por si mesmo". Em outras palavras, o amor bíblico é zeloso pelo bem do outro, confia no outro, deseja o maior proveito e tem interesse em promover o bem do outro, e não o seu!

Todos nós lutamos com o amor-próprio. Amamos tanto a nós mesmos que fazemos de tudo para conquistar o que é bom para nós. Mas o amor bíblico é diferente. A essência do amor bíblico, como já vimos, é o "outrocentrismo" que caracteriza a vida de Cristo. O amor é 100% altruísta.

Há inúmeras aplicações desse princípio de não sermos zelosos por nós mesmos, pela nossa reputação, pelos supostos "direitos" que temos, inclusive o "direito" de ganhar uma discussão. No relacionamento conjugal, o amor se recusa a insistir nos seus direitos porque está sempre zelando pelos direitos dos outros. Esse outrocentrismo se aplica na vida sexual, no uso do dinheiro, na escolha de programas a que vão assistir, do restaurante onde vão comer e da praia onde vão passar férias. Não significa ser "capacho", mas, sim, abrir mão de seus direitos em favor de outros.

76. Amor humilde

O amor [...] não se ufana, não se ensoberbece.
1Coríntios 13.4

A pessoa que ama não fica cheia de si, não defende seus próprios direitos a qualquer custo e não se exalta. Nas horas de conflito conjugal é que se vê a realidade desse amor. Na próxima vez em que tiver uma discussão com seu marido, em vez de insistir que as coisas sejam do *seu* jeito, avalie se você está defendendo seus direitos mais do que o bem de seu casamento. Como você pode ser mais humilde e exaltar seu marido, e não a si mesma?

Um dos hábitos mais feios do soberbo é a tendência de rebaixar os outros publicamente. Ele tenta subir na vida pisando nos outros. Quando uma esposa faz isso com seu marido, ele morre por dentro e ela prejudica seu casamento.

A mulher sábia escolhe bem a hora de falar a verdade em amor. Se precisar falar verdades duras para seu marido, procure uma forma humilde, em particular, com sabedoria, de compartilhar palavras que reafirmem seu amor constante por ele.

Mas, seguindo a verdade em amor, cresçamos em tudo naquele que é a cabeça, Cristo (Ef 4.15).

77. Amor decoroso

> *O amor [...] não se conduz inconvenientemente...*
> 1Coríntios 13.4,5

O amor verdadeiro não envergonha aqueles a quem ama. Geralmente pensamos que os homens tendem a ser mais inconvenientes pela falta de educação, por maus hábitos e pela insensibilidade, agindo de formas inadequadas, envergonhando a esposa e os filhos.

Mas não só os homens precisam se cuidar nesse sentido. As mulheres também precisam ter sabedoria para que seu comportamento não crie obstáculos e escândalos no relacionamento. Como já vimos, a mulher tem o poder de desmontar o lar com as próprias mãos: *a [mulher] insensata, com as próprias mãos, a derriba [a sua casa]* (Pv 14.1).

Linguagem imprópria, fofocas, fala incessante, hábitos não decorosos, gritarias, explosões de raiva, uma boca suja, egoísmo, insensibilidade, sensualidade e uma aparência relaxada podem prejudicar o testemunho da família e o prazer do lar. Todas estas são maneiras em que a mulher pode ser inconveniente e causar vergonha ao marido, aos filhos e a si mesma.

78. Amor tranquilo

> *O amor [...] não se exaspera...*
> 1Coríntios 13.4,5

A mulher estabelece o ambiente do lar. Uma mulher rixosa, como já vimos, cria tensão e irritação por onde anda. Uma esposa tranquila promove paz e segurança.

A expressão *não se exaspera* significa que o amor não se deixa irritar, provocar ou ficar emocionalmente perturbado pelo comportamento do amado. (A única outra vez em que essa palavra foi usada no texto original descreve a profunda agitação do apóstolo Paulo em Atenas ao ver a idolatria do povo: *Enquanto Paulo os esperava em Atenas, o seu espírito se revoltava em face da idolatria dominante na cidade* — At 17.16.)

Nos dias caóticos em que vivemos, como é difícil manter um espírito calmo e sereno! Infelizmente, às vezes nos exasperamos com as pessoas que mais amamos. Com frequência isso acontece depois de passar um dia inteiro mantendo a calma diante dos outros, em que enfrentamos trânsito maluco, burocracia ineficiente, patrões exigentes, clientes indecisos, crime e corrupção por todos os lados. Mas descontamos tudo isso no marido e nos filhos.

Você perde sua calma com facilidade? Seus filhos conseguem empurrá-la para a beira da insanidade? Seu marido às vezes a deixa louca? Verifique o que provoca reações explosivas em você e tome providências para que isso seja controlado, não acabando com sua vida — e detonando a tranquilidade do seu lar.

Quando a mulher consegue se controlar, ela contribui para que seu lar seja um refúgio de calma para toda a família, e não uma prisão caótica e tensa.

79. Perdoar é esquecer?

O amor [...] não se ressente do mal.
1Coríntios 13.4,5

Quanto dista o Oriente do Ocidente,
assim afasta de nós as nossas transgressões.
Salmo 103.12

Você já ouviu a expressão "perdoar é esquecer"? Talvez seja um pouco enganosa. Podemos escolher perdoar, mas apagar totalmente da nossa mente (esquecer) é outra coisa.

Mas não é isso que Deus faz? Hebreus 8.12 (citando Jr 31.31-34; veja também Hb 10.17) diz que Deus jamais se lembrará dos nossos pecados por causa da nova aliança selada conosco pelo sangue de Jesus. Como pode um Deus onisciente esquecer dos pecados?

A resposta está no Salmo 103. Deus não deixa de ser onisciente e nós não ficamos com Alzheimer quando se trata do pecado de outros. O salmista explica: [Deus] *não nos trata segundo os nossos pecados, nem nos retribui consoante as nossas iniquidades* (Sl 103.10). Ou seja, quando perdoamos, também "esquecemos" no sentido de não tratar a pessoa conforme seu pecado merece. Trata-se de uma decisão de "não levar mais em conta" a ofensa do outro contra nós.

Como esse atributo divino se torna imprescindível no casamento cristão! Sempre vamos machucar um ao outro — algo inevitável quando mais de um pecador se reúnem no mesmo lugar. Nessas horas precisamos tomar as difíceis decisões de perdoar e pedir perdão.

Assim como a esposa deve *decidir perdoar* seu marido, deve decidir também *não levar em conta* a ofensa e *não sofrer* mais quando se lembrar dos fatos. É como uma cicatriz: embora possamos vê-la em nosso corpo, já não sentimos mais a dor como no momento do corte. Esposa, nunca "jogue na cara" de seu marido um assunto passado e já perdoado. Tome a decisão de não tratar seu marido conforme você julga que ele merece.

80. Amor e justiça

> O amor [...] não se alegra com a injustiça...
> 1Coríntios 13.4,6

> Não torneis a ninguém mal por mal;
> esforçai-vos por fazer o bem perante todos os homens; [...]
> não vos vingueis a vós mesmos, amados, mas dai lugar à ira;
> porque está escrito: A mim me pertence a vingança;
> eu é que retribuirei, diz o Senhor.
> Romanos 12.17,19

A vida de Jesus em nós se manifesta em uma capacidade sobrenatural de perseverar fiel sem perder a perspectiva divina mesmo em meio à adversidade. Exige maturidade para ver, além da provação, os benefícios que ela produz (Tg 1.2-12). Requer amor que descansa na justiça e retribuição divinas, sem se tornar juiz.

Não alimente um espírito vingativo. Não se alegre, por exemplo, se seu marido passar por algumas dificuldades por não ter respeitado sua opinião ou seguido seu conselho. Evite dizer "Não te falei?"

Se ele ou outra pessoa pecar contra você, e se for necessário que o Senhor o discipline, fuja da tentação de pensar "Bem feito!"

Em horas assim, o amor precisa falar mais alto. Seu marido precisa ouvir: "Amo você, apoio você e ficarei ao seu lado". Encoraje-o a continuar firme apesar das aflições que possam vir!

81. O amor é PPTO

> O amor [...] tudo sofre...
> 1Coríntios 13.4,7

> Em todo tempo ama o amigo,
> e na angústia se faz o irmão.
> Provérbios 17.17

Os votos matrimoniais tradicionais dizem:

> Prometo estar contigo na alegria e na tristeza, na saúde e na doença, na riqueza e na pobreza, amando-te, respeitando-te e sendo-te fiel todos os dias de minha vida, até que a morte nos separe.

Ou seja, o amor é PPTO: Pau Para Toda Obra. Em termos bíblicos, *O amor tudo sofre*. Ele aguenta os momentos difíceis, topa as aventuras, passa pelo vale da sombra da morte, bem como se alegra com as vitórias nas montanhas.

Todo casamento passa por momentos de sofrimento: Desemprego. Infertilidade. Doença. Conflitos com familiares. Filhos difíceis. Morte. O amor bíblico que tem sua raiz no caráter de Deus supera cada momento de aflição. Sem ele ficaríamos sem esperança.

O amor de um pelo outro será mais provado nos momentos de sofrimento. O amor verdadeiro sofre junto com o amado. Como diz Provérbios 24.10, *Se te mostras fraco no dia da angústia, a tua força é pequena*. Ou seja, o amor em palavra se prova na provação. *Não abandones o teu amigo, nem o amigo de teu pai* (Pv 27.10).

Peça a graça de Deus para poder superar as fases de sofrimento, mostrando ao seu marido sua profunda compaixão e simpatia por tudo o que ele (e você) está (estão) passando. O amor sofre junto!

82. Santa confiança

O amor [...] tudo crê...
1Coríntios 13.4,7

Para sermos melhores amigos de alguém, o nosso relacionamento precisa passar por provas de compatibilidade e confiabilidade. Com o passar do tempo, crescemos na intimidade porque aprendemos a *confiar* no nosso amigo. Por exemplo, Provérbios lista pelo menos duas características de confiabilidade entre amigos:

- O amigo sabe esquecer (*O que encobre a transgressão adquire amor, mas o que traz o assunto à baila separa os maiores amigos* — Pv 17.9).
- O amigo consegue guardar segredos (*O mexeriqueiro descobre o segredo, mas o fiel de espírito o encobre* — Pv 11.13; compare com 25.9).

Desconfiança e suspeita são inimigas gêmeas que destroem o fundamento do lar. Minam o alicerce de fé e verdade que estabiliza a família. Para termos intimidade com alguém, precisamos poder confiar nessa pessoa.

Se você tem dificuldades com ciúmes, ou sempre fica desconfiada do seu marido, esforce-se em direção a uma santa confiança. O ideal é que haja transparência entre vocês. Busque esclarecimentos com oração, calma e sabedoria. Dê tempo e espaço para seu marido abrir o coração, sem medo de "broncas", e comprometa-se a sempre acreditar nas palavras dele.

Se seu relacionamento já passou por problemas que geraram, com razão, uma desconfiança, talvez precise de tempo para reconquistar a fé. Nesse caso, procure um conselheiro bíblico que possa acompanhá-los nos passos de renovação da sua confiança mútua.

83. Amor otimista

> *O amor [...] tudo espera...*
> 1Coríntios 13.4,7

Certa vez alguém deu as seguintes descrições de pessimismo e otimismo:

- **Pessimista:** Alguém que se sente mal quando se sente bem, por medo de que vai se sentir pior quando se sentir melhor.

- **Otimista:** Alguém que dá risada para esquecer, enquanto o pessimista esquece de dar risada...

Depois, resumiu: No fim da jornada, o pessimista talvez prove estar certo; mas o otimista se diverte muito mais na viagem.

Pessimismo significa morte para um casamento. Joga água fria nos sonhos e planos, abafa o espírito de aventura e criatividade, pondo todos debaixo de uma nuvem negra.

O cristão, por definição, deve ser um eterno otimista. Temos nossos pecados perdoados, uma identidade escondida em Cristo Jesus, a promessa da vida eterna no novo céu e na nova terra. Tudo isso, enquanto o que merecíamos era uma morte de cruz.

Por isso, o amor tudo espera. Não no sentido de "quem sabe tudo dê certo". Mas da perspectiva de confiança em um Deus soberano e bom, conforme Hebreus 11.1: *Ora, a fé é a certeza de coisas que se esperam, a convicção de fatos que se não veem.*

De todo sofrimento que Jó experimentou pelas suas muitas perdas, talvez o maior tenha sido provocado por seus "amigos" conselheiros e sua esposa magoada, que extinguiram toda a sua esperança.

Seja uma fonte de esperança para seu marido e sua família. Encoraje-o a sonhar alto. Resista ao impulso de lhe mostrar razões por que a nova ideia dele não vai funcionar.

A mulher que teme a Deus procura maneiras de proporcionar um ambiente familiar em que o louvor a Deus predomina. Mesmo sem tomar a frente, ela encoraja o marido a ser o sacerdote do lar.

84. Enfrentando tempestades

> O amor [...] tudo suporta.
> 1Coríntios 13.4,7

Certa feita observei uma palmeira linda plantada em um grande *shopping*. A palmeira parecia saudável, verdejante e firme. Mas estava plantada em um canteiro muito raso, cuidadosamente adubada e regada para nunca passar fome ou sede.

Aquela palmeira parecia muito com o que alguns jovens casais de hoje mais almejam — um casamento fácil, em um condomínio tranquilo, e uma vidinha bonançosa.

Mas, dada a escolha, prefiro ser uma palmeira plantada na praia junto com minha esposa, enfrentando os ventos adversos, as tempestades perigosas, a maré alta. Nas tempestades da vida, aprofundamos as raízes do nosso amor no solo da graça. Com o tempo, elas se entrelaçam a ponto de se tornar firmes e inabaláveis, bem diferentes da palmeira de *shopping*, que cai com o primeiro vento de adversidade.

Todo casamento humano passará por tempestades. Nessas horas, o amor se mostra real, comprometido, perseverante. O amor tudo suporta!

O amor permite que enfrentemos com ânimo e coragem toda e qualquer situação. Se você e seu marido estiverem passando por tempestades, regozijem-se por poderem passar *juntos* pela provação. Não queira ser palmeira de *shopping*. Aproveite as tempestades para aprofundar ainda mais suas raízes no amor incondicional de Deus. Desfrute da graça imerecida de Deus. Afirme ao seu marido seu apoio e ore com ele frequentemente.

85. Amor eterno enquanto...

O amor jamais acaba...
1Coríntios 13.8

As muitas águas não poderiam apagar o amor, nem os rios, afogá-lo; ainda que alguém desse todos os bens da sua casa pelo amor, seria de todo desprezado.
Cântico dos Cânticos 8.7

"Amor eterno enquanto dure." A frase paradoxal provavelmente tem sua origem no poeta brasileiro Vinicius de Moraes. Em 1960, ele publicou uma poesia ironicamente intitulada *Soneto de fidelidade*, que termina assim:

> [Que] Eu possa me dizer do amor (que tive):
> Que não seja imortal, posto que é chama
> Mas que seja infinito enquanto dure.[2]

Infelizmente, parece que mais casais hoje seguem essa filosofia do "amor" (de um homem casado oito vezes) do que o conselho bíblico: *O amor jamais acaba*.

O amor não é Deus, mas *Deus é amor* (1Jo 4.16), e quem ama como Deus não desiste do amado. Em nós mesmos, isso será impossível. Mas, porque Deus primeiro nos amou (1Jo 4.19), também podemos estender esse amor para nosso cônjuge e outros ao nosso redor.

Se seu casamento passa por tempos difíceis, *não desista!* Se uma voz sussurra em seus ouvidos que você merece um marido melhor, um casamento melhor, uma família melhor, *tape seus ouvidos*. Essa voz não é de Deus. Ele odeia o divórcio (Ml 2.16), que desfigura a imagem dEle refletida no casamento. Faça tudo em seu poder para perseverar no amor até o fim.

---

[2] MORAES, Vinicius de. *Antologia poética*. Rio de Janeiro: Edição do autor, 1960, p. 96.

86. Amor fiel

> Mas o fruto do Espírito é: amor, alegria, paz,
> longanimidade, benignidade, bondade, fidelidade
> Gálatas 5.22

O fruto (coletivo) do Espírito descreve características da pessoa de Cristo que Deus produz de forma sobrenatural em nossa vida. Não são temperamentos, personalidades, dons ou talentos. Não pode ser explicado naturalmente. Como um gomo de tangerina, cada aspecto do fruto pode ser separado e degustado individualmente, mesmo que faça parte do fruto inteiro.

Muito acima de estudos sobre linguagens de amor, tipos de temperamentos ou classificações de personalidade, o estudo do fruto do Espírito traz benefícios eternos para o lar. Antes de tachar nosso cônjuge ou filhos como "Tipo A, B ou C", devemos nos preocupar com o desenvolvimento de vidas cheias do Espírito de Deus (Ef 5.18) no contexto do lar (Ef 5.21—6.9).

A fidelidade produzida pelo Espírito faz com que você seja esposa de um só marido (1Tm 5.9) e comprometida com ele. Você tem esse tipo de compromisso sério com seu marido? O Espírito tem produzido amor incondicional? Alegria apesar das circunstâncias? Paz em meio a dificuldades? Longanimidade quando seu desejo é desistir? Benignidade quando vingança soa melhor? Bondade em lugar de mágoas? Fidelidade em vez de inconstância?

87. A melodia da alegria

> *Mas o fruto do Espírito é [...] alegria...*
> Gálatas 5.22
>
> *E não vos embriagueis com vinho, no qual há dissolução, mas enchei-vos do Espírito, falando entre vós com salmos, entoando e louvando de coração ao Senhor com hinos e cânticos espirituais, dando sempre graças por tudo a nosso Deus e Pai, em nome de nosso Senhor Jesus Cristo.*
> Efésios 5.18-20

Seu lar é um *lugar alegre*? Lares onde o Espírito Santo reina não conseguem conter sua alegria.

Alegria profunda não se baseia em circunstâncias transitórias, mas em verdades eternas. É por isso que o apóstolo Paulo, preso em Roma, podia escrever para os seus amigos na igreja de Filipos: *Alegrai-vos sempre NO SENHOR; outra vez digo: alegrai-vos* (Fp 4.4).

Uma das demonstrações mais claras de alegria na vida do cristão é o canto. Pessoas alegres cantam. Pessoas tristes também cantam, porque têm uma fonte de alegria que ultrapassa as circunstâncias e sobrevive a elas.

Encha o seu lar com música alegre, edificante, calma e instrutiva. Procure o equilíbrio nas músicas escolhidas, respeitando o gosto de cada um, sem deixar de lado a devida reverência ao nosso Deus.

Cante no culto doméstico. Cante nas viagens. Aprenda a tocar um instrumento para a glória do Senhor. Escute músicas no carro, no chuveiro, na cozinha. Cante em voz alta ou baixa. Mas cante e encha sua casa com a alegria do Senhor!

88. Domínio próprio

Mas o fruto do Espírito é [...] domínio próprio...
Gálatas 5.22,23

*Mas esmurro o meu corpo e o reduzo à escravidão,
para que, tendo pregado a outros,
não venha eu mesmo a ser desqualificado.*
1Coríntios 9.27

Autocontrole (disciplina, domínio próprio) constitui mais um fruto produzido sobrenaturalmente na vida do cristão — outra característica da própria vida de Jesus sendo produzida em nós (Gl 2.20).

Algumas pessoas tendem a ser mais disciplinadas que outras, mas precisamos lembrar que esse fruto não se trata de temperamento ou personalidade, e sim de uma capacidade divina de governar impulsos, desejos e reações conforme Cristo. Significa poder dizer "não" a si mesmo e ao pecado e "sim" às atitudes e ações que agradam a Deus.

Ser uma pessoa disciplinada não significa ser uma máquina, alguém sem tempo para pessoas, que preenche cada segundo do dia com alguma atividade. O domínio próprio na vida de Jesus significava uma vida vivida sem pressa, em que o importante tomava precedência sobre o urgente e em que pessoas eram mais importantes que programas.

Você tem autocontrole — ou melhor, você é uma pessoa controlada pelo Espírito? Você consegue dizer "não!" a seus próprios desejos e impulsos? Você é compulsiva para fazer compras ou tem equilíbrio? Você come demais? Tende a dominar conversas? Consegue desligar a TV quando começa a passar um programa impróprio? Quer sempre dormir mais do que devia? Não consegue dominar uma fofoca? Diz sempre ao marido "Não foi isso que eu falei"?

89. Transmitindo graça

> *Não saia da vossa boca nenhuma palavra torpe, e sim unicamente a que for boa para edificação, conforme a necessidade, e, assim, transmita graça aos que ouvem.*
> Efésios 4.29

Graça, por definição, significa favor não merecido. A graça se transmite a pessoas que de fato merecem o contrário.

Não se trabalha para ganhar uma "graça". A própria salvação vem *pela graça* [...], *mediante a fé;* [...] *não de obras, para que ninguém se glorie* (Ef 2.8,9). Se alguém precisa provar que é digno de receber a graça, não é mais graça, mas mérito.

Como seres humanos, normalmente vivemos de forma oposta à graça. Mostramos favor aos que julgamos merecer nossa bondade. Desprezamos aqueles que nos ofendem.

O que chama a atenção no versículo acima é o potencial que a língua tem de ser um veículo da graça de Deus *aos que não a merecem!* No lar cristão, estudamos uns aos outros para descobrir as necessidades que cada um tem para podermos ministrar o favor não merecido de Deus!

Na próxima vez em que seu marido merecer uma boa bronca, que tal ministrar o favor não merecido de Deus a ele? Esqueça-se da ofensa e focalize as razões pelas quais você está feliz em ser a esposa dele. Compartilhe palavras de aceitação, amor, e não de condenação ou culpa.

90. Iguais no ser, diferentes no fazer

> As mulheres sejam submissas ao seu próprio marido,
> como ao Senhor; porque o marido é o cabeça da mulher,
> como também Cristo é o cabeça da igreja,
> sendo este mesmo o salvador do corpo.
> Efésios 5.22,23

No serviço militar, uma hierarquia funcional dita as regras e mantém decência e ordem em meio ao caos. O fato de um ser cabo e o outro, sargento não necessariamente significa que um é melhor ou pior que o outro. Mas, na hora de dar e seguir ordens, cada um tem seu lugar.

Muito da confusão sobre papéis no lar seria resolvido se observássemos esse princípio. O próprio termo "submissão" na língua grega vem de uma palavra militar que significa "ordenar-se", "alinhar-se". A ideia da submissão não é, como alguns infelizmente têm sugerido, de "subserviência ou rebaixamento servil". É uma questão de *fazer*, e não de *ser*. Ou seja, não diz nada de inferioridade ou superioridade, mas de função operacional.

Outro texto que deixa isso claro é 1Coríntios 11.3:

> Quero, entretanto, que saibais ser Cristo
> o cabeça de todo homem,
> e o homem, o cabeça da mulher,
> e Deus, o cabeça de Cristo.

A submissão da mulher ao marido reflete a submissão de Cristo ao Pai (1Co 11.3; veja Mt 26.39-42; 1Co 15.28). Os membros da Trindade são iguais no ser, mas com funções diferentes na atuação divina.

Da mesma maneira como o homem é o cabeça (autoridade) sobre a mulher, Deus Pai é o "cabeça" de Cristo, sem qualquer conotação de inferioridade, como se o Filho fosse menos Deus que o Pai (uma heresia antiga).

Quando cumprimos nossos papéis no lar, quando o marido ama sacrificialmente sua esposa e quando a esposa se alinha debaixo da liderança do marido, refletimos a imagem e glória do nosso Deus.

Você tem cumprido esse seu papel com alegria? Ou resmungando? Tem complementado seu marido como auxiliadora idônea? Ou tem tomado a frente, alegando que ele não faz nada? Entende que a maneira como respeita seu marido reflete sua submissão ao próprio Deus?

91. A esposa que chia

> Como, porém, a igreja está sujeita a Cristo, assim também as mulheres sejam em tudo submissas ao seu marido.
> Efésios 5.24

O controverso assunto da submissão feminina no lar ainda precisa de esclarecimento. Além de servir de ilustração do relacionamento que existe na família divina, entre Pai, Filho e Espírito Santo (Gn 1.27; 1Co 11.3), também reflete a beleza do relacionamento entre Cristo e a igreja.

"Submissão" significa "alinhamento". Uma simples dobradiça de uma porta ilustra o conceito bíblico de submissão. As partes que compõem a dobradiça, suas hastes, os anéis e o pino são feitos do mesmo metal. São iguais no valor. Mas, assim como os vários anéis de uma dobradiça precisam ser encaixados para que uma porta se abra e feche sem chiar, esposa, marido, pais e filhos precisam alinhar-se debaixo de Deus e uns aos outros no desempenho de seus respectivos papéis no lar. Afirmar que submissão é uma "maldição exclusiva" da mulher ignora o ensino bíblico claro sobre o assunto, em que todos nós somos submissos a alguma autoridade.

Da mesma forma, Deus pede que as mulheres se alinhem debaixo da autoridade do marido. Um desalinhamento na dobradiça da porta resulta em uma porta que sempre range, irritando todos ao redor. Ainda funciona, mas de forma desagradável.

Talvez seja isso o que o autor de Provérbios chama de *gotejar contínuo* (Pv 19.13; 27.15). Conforme Salomão, seria melhor morar no canto do telhado da casa do que viver com uma mulher assim (Pv 21.9; 25.24)!

Você é uma esposa que chia? Ou tem se esforçado, pelo poder do Espírito e da Palavra (Ef 5.8; Cl 3.16), para se alinhar debaixo da liderança do seu marido?

92. Honrando os pais

> Honra a teu pai e a tua mãe (que é o primeiro mandamento com promessa), para que te vá bem, e sejas de longa vida sobre a terra.
> Efésios 6.2,3

A falta de obediência e honra é uma das características dos últimos tempos (2Tm 3.2). Paulo lista uma série de pecados que caracterizam uma *disposição mental reprovável* em Romanos 1.30-32 e inclui: *soberbos, presunçosos, [...] desobedientes aos pais, [...] sem afeição natural e sem misericórdia*. Ele diz que esses pecados são passíveis de morte.

Hoje encontramos filhos processando os pais, psicanalistas fazendo regressão em seus pacientes para descobrir traumas causados pelos pais, e uma verdadeira cultura de vitimização em que ninguém está isento de culpa pelos traumas dos filhos.

Certamente não queremos negar a existência de problemas sérios influenciados ou até mesmo causados por pais inadequados. Mas parece que a nossa sociedade levou o pêndulo para o outro lado do espectro — honrar os pais é algo tão raro, enquanto culpar os pais está na moda.

Até mesmo na igreja, percebemos uma tendência crescente de culpar gerações anteriores pelos nossos pecados de hoje. Certamente o pecado dos pais nos influencia. Mas não podemos cair no engano que culpa todo mundo pelo meu pecado — menos eu mesmo. Somos vítimas, sim. Mas também somos responsáveis pelas nossas respostas ao pecado cometido contra nós.

Como esposa, você tem ajudado seu marido no cumprimento dessa ordem? Ou tem contribuído para aumentar a tensão entre ele e seus pais? Você já agradeceu aos pais do seu marido pelo homem que eles criaram?

Se seus sogros ainda estão vivos, e se for apropriado, que tal escrever uma carta ou preparar uma placa de agradecimento pela criação que eles deram ao homem que hoje lidera seu lar e a faz tão feliz?

93. Atos de bondade

*Revesti-vos, pois, [...] de ternos afetos
de misericórdia, de bondade...*
Colossenses 3.12

*E quem der a beber, ainda que seja um copo de água fria,
a um destes pequeninos, por ser este meu discípulo, em
verdade vos digo que de modo algum perderá o seu galardão.*
Mateus 10.42

Jesus prometeu que nenhum ato de bondade será esquecido. Tudo será eternamente lembrado e galardoado — até o copo de água dado em nome de Jesus.

O autor de Hebreus nos lembra: *Deus não é injusto para ficar esquecido do vosso trabalho e do amor que evidenciastes para com o seu nome, pois servistes e ainda servis aos santos* (Hb 6.10). Paulo acrescenta, *Portanto, meus amados irmãos, sede firmes, inabaláveis e sempre abundantes na obra do Senhor, sabendo que, no Senhor, o vosso trabalho não é vão* (1Co 15.58). *E não nos cansemos de fazer o bem, porque a seu tempo ceifaremos, se não desfalecermos. Por isso, enquanto tivermos oportunidade, façamos o bem a todos, mas principalmente aos da família da fé* (Gl 6.9,10).

A esposa bondosa paparica seu marido no cotidiano. Bondade no lar se aplica todo dia: uma camisa lavada e passada, uma consulta marcada, um almoço feito com carinho... Os elogios que você dá ao seu marido por um trabalho bem feito, como, por exemplo, a grama cortada, o carro lavado ou a ajuda que ele lhe deu no serviço de casa.

Não fique triste se seu serviço às vezes passa despercebido. Seus atos de bondade são como copos de água dados em nome de Jesus, que serão recompensados para todo o sempre! Que tal aquela sobremesa preferida dele para hoje?

94. Filhas de Sara

> *Pois foi assim também que a si mesmas se ataviaram, outrora, as santas mulheres que esperavam em Deus, estando submissas a seu próprio marido, como fazia Sara, que obedeceu a Abraão, chamando-lhe senhor, da qual vós vos tornastes filhas, praticando o bem e não temendo perturbação alguma.*
> 1Pedro 3.5,6

Pedro invoca a história de Sara, esposa do patriarca Abraão, para dar um exemplo prático de como beleza interior pode manifestar-se em submissão honrosa. Nessa simples ilustração, Pedro cita não menos de sete características que descrevem mulheres com beleza interior. Elas se *ataviaram*, ou seja, "enfeitaram" não tanto com adereços externos, mas com submissão ao próprio marido:

- Santidade;
- fé (*esperavam em Deus*);
- submissão;
- obediência;
- respeito (*chamando-lhe senhor*);
- boas obras (*praticando o bem*) e
- coragem (*não temendo perturbação alguma*).

Pedro diz que Sara *obedeceu a Abraão, chamando-lhe senhor*. Talvez para alguns pareça machismo puro. Imagine — chamar o marido de "senhor"! Mas o ponto do texto é o espírito de humildade que caracterizava Sara, uma mulher formosa não somente por fora, mas também por dentro (Gn 12.11). Pelo menos duas vezes ela sofreu alguma injustiça por causa do seu marido desobediente (Gn 12, 20), algo que seria um ótimo exemplo para as leitoras da primeira carta de Pedro que também sofriam injustiças.

O que é fascinante no texto é o fato de que Pedro cita Gênesis 18.12, que diz: *Riu-se, pois, Sara no seu íntimo, dizendo consigo mesma: Depois de velha, e velho também* O MEU SENHOR, *terei ainda prazer?* O texto se refere a um momento em que Sara estava falando consigo mesma, e não com Abraão. Mas o texto sugere que essa era a atitude costumeira do coração dela. Ou seja, ela honrava Abraão (e se submetia a ele) mesmo quando ele estava ausente.

Mulheres que demonstram respeito pelo marido mesmo na ausência dele revelam atitudes de honra e submissão na esfera do coração — algo de extremo valor diante de Deus. Infelizmente, mesmo entre as mulheres que conseguem aparentar submissão e respeito na presença do marido, muitas revelam um coração magoado e rebelde pela maneira como se referem ao marido diante de amigas e familiares na ausência dele.

95. Massagem com mensagem

> *Exortamo-vos, também, irmãos, a que*
> *admoesteis os insubmissos,*
> *consoleis os desanimados,*
> *ampareis os fracos*
> *e sejais longânimos para com todos.*
> 1Tessalonicenses 5.14

O brilhante de um relacionamento conjugal tem múltiplas facetas. O amor assume papéis variados conforme a dinâmica da vida. Relacionamentos dinâmicos requerem numerosas formas de interação e sensibilidade para saber a ação que cada momento exige.

No final da sua carta aos Tessalonicenses, Paulo nos lembra desse fato no que diz respeito aos relacionamentos de irmandade na igreja local, princípios que também se aplicam na vida conjugal. Confrontação, consolação, amparo e paciência (longanimidade) representam algumas das facetas que fazem o relacionamento brilhar. Saber quando aplicar cada uma dessas atitudes é o segredo...

Nada melhor para um marido que está desanimado do que uma mensagem de amor. Há muitas maneiras de transmitir essa mensagem (como temos sugerido ao longo deste livro), mas uma das prediletas de muitos homens é uma *massagem de amor*.

Quando você sente que seu marido está muito tenso, triste, ajude-o a relaxar e ao mesmo tempo transmita seu amor por ele através de uma massagem nos ombros, nas costas, no pescoço, nos pés... Os poucos momentos de *massagem* transmitirão uma *mensagem* duradoura de amor fiel.

96. Missão de mãe

> Todavia, [a mulher] *será preservada* [lit., "salva"]
> *através de sua missão de mãe,*
> *se ela permanecer em fé, e amor, e santificação,*
> *com bom senso.*
> 1Timóteo 2.15

O testemunho unânime das Escrituras é que a mulher que teme a Deus acaba sendo uma bênção em todas as esferas da vida, que começam no lar, mas que se estendem até a comunidade. Ela faz bem a todos ao seu redor! Focaliza sua energia e talentos no contexto do lar, mas é impossível que não influencie pessoas em âmbitos cada vez maiores. Tudo indica que essa preocupação com o bom andamento do seu lar é a oportunidade dada por Deus para ganhar credibilidade, experiência e autoridade para ministrar em esferas maiores.

Embora a Palavra de Deus responsabilize o homem pelo andamento da sua família (1Tm 3.4,5; Tt 1.6; Ef 6.4; Cl 3.21; Sl 127, 128), diversos textos destacam o ministério da mulher na vida de seus filhos e, implicitamente, na vida de outras crianças (Gn 3.16a; Pv 31.10-31; 2Tm 1.5; 3.14-17).

O texto-chave que destaca esse investimento é 1Timóteo 2.15, que centraliza o ministério da mulher *no lar*. O entendimento mais natural do texto em seu contexto sugere que a aparente limitação de envolvimento da mulher em termos de ministérios públicos de liderança e ensino na igreja local (2.11-14) será compensada (e recompensada — veja 1Tm 5.4!) pela atuação dela na criação de filhos. Elas serão "salvas", ou seja, resgatadas do que parecia ser um papel de menos destaque na igreja, através do cumprimento fiel da sua "missão de mãe".

A mulher cristã investe sua vida na vida dos seus filhos e de outras mulheres mais jovens (e não em posições de autoridade eclesiástica) pelo bem da família e da igreja.

97. Mulher de um só homem

> *Não seja inscrita* [no rol de sustento das viúvas] *senão viúva que conte ao menos sessenta anos de idade, tenha sido esposa de um só marido.*
> 1Timóteo 5.9

Assim como o homem qualificado para a liderança espiritual, que tem que ser *marido de uma só mulher* (1Tm 3.2,12; Tt 1.6), as viúvas dignas do sustento da igreja precisam ter sido *esposa de um só marido*. A frase é sempre colocada no sentido positivo, pois assim abrange mais do que aspectos negativos (não adúltera; não separada; não divorciada; não promíscua) para incluir dedicação, lealdade, pureza e fidelidade ao único marido que ela teve.

A mulher piedosa demonstra por atitude, conduta, fala, vestimenta e estilo de vida que é uma mulher totalmente dedicada e comprometida com seu marido. Seus hábitos de entretenimento revelam sensatez. Não se vicia em novelas dúbias, programas e filmes sensuais ou livros promíscuos. Não frequenta salas de *chat* na internet onde pode se esconder no mundo de fantasias românticas virtuais.

O apóstolo Paulo caracterizou mulheres assim que se multiplicarão nos últimos dias: *Pois entre estes se encontram os que penetram sorrateiramente nas casas e conseguem cativar mulherinhas sobrecarregadas de pecados, conduzidas de várias paixões, que aprendem sempre e jamais podem chegar ao conhecimento da verdade* (2Tm 3.6,7).

Fuja dessas características da mulher de múltiplos homens — mesmo que sejam "só" virtuais. Deixe claro para seu marido em palavras e ações que ele é o único homem da sua vida.

98. Mulheres professoras

> *Quanto às mulheres idosas, semelhantemente,
> que sejam sérias em seu proceder, não caluniadoras,
> não escravizadas a muito vinho; sejam mestras do bem,
> a fim de instruírem as jovens recém-casadas a amarem
> ao marido e a seus filhos, a serem sensatas, honestas,
> boas donas de casa, bondosas, sujeitas ao marido,
> para que a palavra de Deus não seja difamada.*
> Tito 2.3-5

Em um dos poucos textos da Palavra de Deus que esboça o currículo de um ministério na igreja local, Paulo lista uma série de "matérias" que mulheres piedosas deveriam transmitir para as mais jovens. Como *mestras do bem*, essas mulheres deveriam ensinar às jovens:

1. Como amar o marido.
2. Como amar os filhos.
3. Como ter um caráter sensato, puro e bom.
4. Como cuidar bem do lar.
5. Como ser submissa ao próprio marido.

Esse esboço faz um ótimo resumo das melhores maneiras pelas quais a mulher pode paparicar seu marido! Que marido não ficaria extasiado com uma esposa assim?

Se sua igreja ainda não tem um ministério "Tito 2", que tal sugerir isso para os líderes e/ou algumas mulheres mais velhas capazes de investir nisso? Ficarão surpresas ao ver quantas jovens almejam esse tipo de investimento em sua vida!

99. Transformação interior

Mulheres, sede vós, igualmente, submissas a vosso próprio marido, para que, se ele ainda não obedece à palavra, seja ganho, sem palavra alguma, por meio do procedimento de sua esposa.
1Pedro 3.1

Ninguém é capaz de mudar outra pessoa. Podemos modificar o comportamento, condicionar suas ações e até influenciar atitudes. Mas mudança verdadeira ocorre na esfera do coração. E somente Deus alcança o coração humano.

Esposa, saiba que não é tarefa sua transformar o coração de seu marido. Somente Deus pode fazer isso! Mas o Senhor quer usar o seu espírito submisso ao seu esposo — mesmo não crente — como meio de trazê-lo a Jesus e conformá-lo à imagem de Jesus.

Os casados erram quando têm como alvo no casamento mudar a vida do cônjuge. O máximo que podemos fazer é criar condições favoráveis para que tal mudança ocorra. Como dizem muitos técnicos de futebol, "Somente podemos controlar o que podemos controlar". Ou seja, somos responsáveis pela mudança do *nosso* coração em resposta à Palavra de Deus. Quem procura mudar o outro está destinado à frustração.

Preocupe-se com o seu papel, e não com os resultados. Clame a Deus para mudar o *seu* coração e colabore com isso. Seja uma talhadeira afiada e disponível nas mãos de Deus para que ele a use na transformação de outros. Mas não tente ser o Escultor.

Seu marido deve ser a sua maior prioridade de evangelização, mas evite ficar pregando para ele. Ele será ganho por meio do seu caráter manso e tranquilo por um Deus bom e soberano (1Pe 3.4)!

100. A maior fã

Mulheres, sede vós, igualmente, submissas a vosso próprio marido...
1Pedro 3.1a

... e a esposa respeite ao marido.
Efésios 5.33b

A submissão é algo que a esposa oferece a Deus, em resposta ao Espírito e à Palavra. Tem a ver com a atitude do coração. Mesmo que seja oferecida ao marido, não deixa de ser obrigatória. Não depende do caráter, dignidade ou condição espiritual do marido. Não significa inferioridade, mas um alinhamento vertical de função dentro do casamento, estabelecido por Deus.

Depois que o apóstolo Paulo explica que submissão ilustra a maneira como a igreja se relaciona com Cristo, ele diz que "respeito" (lit., "temor") resume melhor o que significa submissão. O respeito (temor) bíblico se refere a uma profunda reverência junto com intimidade — não subserviência ou rebaixamento. Talvez em nossos dias possamos caracterizar esse tipo de relacionamento dizendo que a mulher que respeita o marido se transforma na maior "fã" da vida dele.

Você pode dizer que é a maior torcedora do seu marido? Mesmo quando todos se viram contra ele, ele pode contar com você ao seu lado? Você demonstra esse tipo de submissão na forma como se refere a ele em sua ausência? Na maneira como fala com ele diante dos seus filhos? Com sua mãe? Para outras mulheres?

Não use o fato de seu marido não ser crente ou não ter a maturidade espiritual que você tem como desculpa para não mostrar a ele a submissão e o respeito que Deus pede!

101. Oração conjugal

> Maridos, vós, igualmente, vivei a vida comum do lar, com discernimento; e, tendo consideração para com a vossa mulher como parte mais frágil, tratai-a com dignidade, porque sois, juntamente, herdeiros da mesma graça de vida, para que não se interrompam as vossas orações.
>
> 1Pedro 3.7

Muitas esposas desejam que seu marido ore com elas. Mas a grande maioria nunca o faz. Parte da razão pode ser inibição e inseguranças pessoais dele. Outra explicação pode ser um tratamento áspero e insensível para com a esposa. E, como companheira, você pode ter parte nisso se ele não se sentir capaz de liderá-la espiritualmente.

Não faça da oração conjugal um ídolo em seu coração, a ponto de ferir o relacionamento com ele. Na tentativa de alcançar um suposto pedestal de espiritualidade, não rebaixe seu marido.

Se seu marido já sabe desse seu desejo, não o incomode o tempo todo. Clame a Deus para que coloque isso no coração dele.

Também não confunda submissão com falta de iniciativa. Converse com seu marido sobre a possibilidade de você mesma sugerir que vocês orem juntos. Muitos maridos simplesmente não têm a sensibilidade espiritual de pensar nisso e ficarão gratos ao receber essa lembrança por parte da esposa.

Sobre os autores

O pastor David Merkh tem seu Doutorado em Ministério (com ênfase familiar) pelo *Dallas Theological Seminary*. Ele é professor no Seminário Bíblico Palavra da Vida, em Atibaia, SP, desde 1987. Sua esposa, Carol Sue, fez Pedagogia na Universidade de *Cedarville*, nos EUA, e tem um ministério de aconselhamento e discipulado de moças e jovens esposas.

Casados desde 1982, o casal tem seis filhos e dezoito netos. São autores de diversos livros sobre temas familiares, bíblicos e ideias criativas para vida e família. O casal ministra na Primeira Igreja Batista de Atibaia, onde David é pastor de Exposição Bíblica. Pastor David e Carol Sue viajam o mundo ministrando palestras sobre a família do pastor e missionário.

Outros recursos oferecidos pelos autores para a família e para grupos pequenos

Considere estes outros recursos, oferecidos por David e Carol Sue Merkh e publicados pela Editora Hagnos e pelos próprios autores:

Série Construindo um lar cristão

- *15 lições para transformar seu casamento*
  Através de um texto prático e repleto de inspiração, David e Carol Sue Merkh nos revelam as bases bíblicas para a construção de uma família debaixo graça.

- *15 lições para a criação de filhos*
  Neste livro os autores apresentam ferramentas práticas para educar e disciplinar com amor. Abordam diferentes temáticas como: pastoreio no lar, honra, ira, perdão, legado e amor.

- *15 lições para fortalecer sua família*
  Neste livro os autores discorrem sobre temas e situações preocupantes no casamento, incluindo: maus hábitos, crítica, parentes, finanças, sogros, discussões e decisões sobre o futuro.

Série 101 ideias criativas

- *101 ideias criativas para grupos pequenos*
  Um livro que ajuda muitos no ministério com grupos familiares e nos vários departamentos da igreja. Inclui ideias para quebra-gelos, eventos e programas sociais, assim como brincadeiras para grupos pequenos e grandes.

- *101 ideias criativas para o culto doméstico*
  Recursos que podem dinamizar o ensino bíblico no contexto do lar e deixar as crianças "pedindo mais".

- *101 ideias criativas para mulheres* (Carol Sue Merkh e Mary-Ann Cox).
  Sugestões para transformar a reunião de mulheres num evento inesquecível, que causa impacto na vida das mulheres. Inclui ideias para chás de bebê, chás de cozinha e reuniões gerais da sociedade feminina da igreja. Termina com dez esboços de devocionais para encontros de mulheres.
- *101 ideias criativas para a família*
  Apresenta sugestões para enriquecer a vida familiar, com ideias práticas para:
  - O relacionamento marido-esposa;
  - o relacionamento pai-filho;
  - aniversários;
  - refeições familiares;
  - a preparação para o casamento dos filhos;
  - viagens.
- *101 ideias criativas para professores* (David Merkh e Paulo França).
  Dinâmicas didáticas para enriquecer o envolvimento dos alunos na aula e desenvolver a melhor compreensão do seu ensino.

Série Paparicar

- *101 ideias de como paparicar sua esposa*
  Pequeno manual com textos bíblicos aplicados à maneira como os homens podem amar, servir e liderar, de forma prática, sua esposa.

Outros livros

- *151 boas ideias para educar seus filhos*
  Uma coletânea dos textos bíblicos voltados para a educação de filhos, com sugestões práticas e criativas para sua aplicação no lar.
- *O legado dos avós* (David Merkh e Mary-Ann Cox)
  Um livro escrito por uma sogra, em parceria com seu genro, sobre o desafio bíblico para deixarmos um legado de fé para

a próxima geração. Inclui: 13 capítulos desenvolvendo o ensino bíblico sobre a importância do legado, apropriados para estudo em grupos pequenos, Escola Bíblica etc.

- *101 ideias criativas de como os avós podem investir na vida dos netos.*

- *O namoro e noivado que DEUS sempre quis* (David Merkh e Alexandre Mendes)
  Uma enciclopédia de informações e desafios para jovens que querem seguir princípios bíblicos e construir relacionamentos sérios e duradouros para a glória de Deus.

- *Perguntas e respostas sobre o namoro e o noivado* (que Deus sempre quis) — (David Merkh & Alexandre França).
  Visa preencher algumas lacunas de leituras anteriores; e encorajar o casal a compreender a suficiência das Escrituras na prática de situações cotidianas do namoro, noivado e direcionamento ao casamento.

- *Comentário bíblico: lar, família e casamento* (David Merkh)
  O livro aborda todas as áreas que envolvem a família, começando pelo seu propósito real e o significado desta perante Deus; passando por temas mais densos como divórcio, pureza sexual e jugo desigual, até chegar às definições bíblicas dos papeis de homens e mulheres dentro da nossa sociedade.

Anotações

Anotações

Anotações

Anotações

Anotações

Anotações

Sua opinião é importante para nós. Por gentileza, envie seus comentários pelo e-mail editorial@hagnos.com.br

Visite nosso site: www.hagnos.com.br

Esta obra foi impressa na Imprensa da Fé.
São Paulo, Brasil.
Primavera de 2020.